DE LA

SITUATION DU CRÉDIT

Commercial, industriel et agricole

EN ALGÉRIE

ET

DE SON ORGANISATION

Par la Banque de France

PAR

EUGÈNE GANZIN

Industriel-Propriétaire

> Les crédits sont nécessaires et utiles; ils
> font les mêmes effets et le même bien dans le
> commerce comme si la quantité de la monnaie
> était augmentée.
>
> Law.

❈

Prix : 2 francs

❈

ALGER

IMPRIMERIE ALGÉRIENNE DE DUBOS FRÈRES
Rues Bab-Azoun et Bosa
1858

V

SITUATION DU CRÉDIT

COMMERCIAL, INDUSTRIEL ET AGRICOLE

EN ALGÉRIE

DE LA

SITUATION DU CRÉDIT

Commercial, industriel et agricole

EN ALGÉRIE

ET DE

SON ORGANISATION

PAR

LA BANQUE DE FRANCE

Par EUGÈNE GANZIN, *Industriel-propriétaire*

> Les crédits sont nécessaires et utiles ; ils
> font les mêmes effets et le même bien dans
> le commerce comme si la quantité de la mon-
> naie était augmentée.
>
> LAW.

—◦◦◦—

ALGER

IMPRIMERIE ALGÉRIENNE DE DUBOS FRÈRES

1858

Bien souvent, nous avons entendu faire cette réflexion en parlant de nos établissements financiers algériens : *le Crédit existe-t-il en Algérie ?* Question étrange, dans une ville de commerce, capitale de l'Algérie ; aussi en fûmes-nous surpris au premier abord ; mais, en scrutant sérieusement tout ce qui touche aux affaires commerciales de l'Algérie, nous sommes forcé de répondre : OUI et NON.

Oui, pour tout ce qui concerne les transactions du commerce opérant avec le marchand ou le débitant, intermédiaire naturel entre le gros commerce et le consommateur.

Non, pour tout ce qui concerne les transactions du haut commerce et du petit commerce, dans leurs rapports avec nos établissements de Banque et avec nos industriels.

Nous reconnaissons cependant qu'il existe quelques

rares exceptions à ce principe absolu, qui gouverne, non seulement nos établissements de Banque, mais tous les détenteurs de numéraire opérant sur le papier commercial; l'exception en ce cas est plutôt le fait de circonstances imprévues que la règle.

A quoi tient cette différence dans la manière d'opérer du haut commerce et des banquiers de l'Algérie, et la manière d'opérer, non seulement en France, mais dans tous les pays du monde? Est-ce une méfiance chronique et collective qui en est cause? Si cela était, il faudrait désespérer de notre population commerçante, et par suite de l'Algérie.

Est-ce la fortune privée ou les ressources financières de chaque commerçant, qui n'étant et ne pouvant être assez connus, ne permettent pas au crédit de s'établir régulièrement et largement? En ce cas, nous comprendrions qu'il fut restreint au-dessous de la valeur réelle de la position de l'individu. Mais ériger en principe, surtout en pratique, qu'il ne lui en sera pas accordé du tout, c'est vouloir, dans un temps donné, rendre impossible toute opération commerciale et industrielle; c'est vouloir arrêter, non-seulement le progrès, mais la marche de la colonisation. S'il devait toujours en être ainsi, nous demanderions une liquidation générale et immédiate, et l'abandon de la colonie; car, mourir d'inaction faute de ressources et de mouvement, ne peut convenir à une population aussi énergique et aussi intelligente que celle qui est venue s'implanter sur le sol de l'Algérie.

Les deux causes que nous venons de signaler peuvent contribuer au défaut de crédit personnel en Algérie, mais, pour nous, la principale, c'est qu'il n'y a pas assez de véritables banquiers, et qu'il y a beaucoup trop d'escompteurs.

Le capital des maisons de banque existantes, — sauf celui de la Banque de l'Algérie, — est beaucoup trop insuffisant pour se prêter au crédit direct, surtout en présence d'un accroissement continu dans les affaires commerciales et dans la production de l'Algérie.

Le capital des escompteurs est trop divisé, par conséquent trop minime pour s'aventurer sur le crédit direct. L'escompteur, dans toute colonie, n'est en général qu'un petit capitaliste qui préfère manipuler son capital sur les valeurs commerciales à une ou deux signatures, selon le plus ou moins de confiance et selon le taux qu'il prélève. Il y a pour lui deux avantages, celui d'en retirer un intérêt beaucoup plus important que par le placement hypothécaire, et celui de pouvoir réaliser ou multiplier son capital par le réescompte, selon les circonstances et la position de la place sur laquelle il opère.

Le capital émis par la masse des escompteurs représente la véritable circulation du capital flottant de la colonie, venant en aide *comme appoint* aux opérations commerciales ; mais, si le commerçant, l'industriel ou le colon algérien, se trouve forcé, faute de crédit, de s'alimenter à cette source, généralement très-exigeante et très-onéreuse, on peut être certain que le fruit de son travail ou de son bénéfice restera entre les mains de l'escompteur, si toutefois il n'y trouve pas sa ruine.

C'est pour détruire autant que possible ce danger, en facilitant la création du crédit qui faisait et fait encore complètement défaut à l'Algérie, que l'Assemblée nationale vota d'urgence, le 4 août 1851, la création de la Banque de l'Algérie, et lui concéda l'énorme privilége de battre monnaie par l'émission de billets au porteur, payables à vue et ayant cours dans les caisses publiques de la colonie.

La Banque de l'Algérie a-t-elle rempli le but et l'esprit de la loi qui l'a créée ? C'est ce que nous avions examiné en janvier dernier, dans un travail ayant pour titre : des *Institutions de crédit en Algérie.* Ce travail nous avait été suggéré par la publication du Compte-rendu de cette Banque, — exercice 1856-1857, — et par un article de l'*Akhbar,* sur ce même Compte-rendu. L'article nous parut alors incomplet, en ce sens qu'il ne faisait qu'effleurer l'ensemble des opérations de la Banque, et signaler très-légèrement la prudence excessive qui la guidait dans l'escompte des valeurs.

Cette prudence, poussée selon nous aux derniers retranchements de l'excès, nous parut contraire, non-seulement à l'intérêt du commerce algérien et à celui des actionnaires de la Banque, mais aussi à l'esprit du rapport qui précéda le vote de l'Assemblée nationale, rapport qui contribua à l'adoption d'urgence de notre Banque de l'Algérie.

A notre point de vue, basé sur le Compte-rendu et sur les deux rapports qui le précèdent, la Banque de l'Algérie avait dès lors tendance à dévier de sa route primitive, et du but de sa création, par suite:

1° D'une trop grande sévérité dans le choix des valeurs escomptables;

2° D'une trop grande parcimonie dans le chiffre du compte-courant, — que l'on appelle, nous ne savons pourquoi, *crédit*, — accordé à une partie de nos commerçants et industriels.

Depuis longtemps nous entendions autour de nous les plaintes que l'on portait, à tort ou à raison, sur la manière d'accepter ou de refuser une partie des bordereaux. Telle valeur refusée devant tel comité d'escompte se trouvait admise la semaine suivante, grâce à la composition du nouveau comité siégeant; et cependant la position des souscripteurs et endosseurs des valeurs présentées n'avait pu changer dans un aussi court délai.

Nous entendions dire aussi que tel compte-courant se trouvait fixé à un chiffre très-élevé, tandis que tel autre se trouvait réduit à un chiffre insignifiant, quoique la position financière et privée de ces derniers valût bien la position des premiers. A en croire toutes ces doléances, on aurait dit vraiment qu'une coterie ou camaraderie dominait la position et servait de base aux réductions, aux refus et à la limite du compte-courant.

Ces plaintes, dont nous ne sommes que l'écho, avaient-elles leur raison d'être, ou ne provenaient-elles que du désappointement des éliminés et par ce fait étaient-elles exagérées? En présence du dicton populaire qui dit qu'il ne peut y avoir de fumée sans

feu, nous nous garderons bien de nous faire juge
d'une pareille question : aux commerçants seuls appartient ce droit.

De ces plaintes assez générales, il résulta pour
nous, comme nous l'avons dit plus haut, l'idée de
traiter la question et de rechercher quelle était
réellement l'importance de nos institutions de crédit.
Notre travail, qui embrassait les cinq établissements
de banque fondés par l'association, existant alors à
Alger, fut remis à la direction du journal d'Alger.

Nous n'avons jamais su par quel motif ce travail
fut relégué dans le carton des oublis. Notre prose
n'était-elle pas digne de l'honneur d'une publicité ?
Nos idées sur la marche et les opérations de ces cinq
établissements financiers, émises au point de vue de
l'intérêt commercial, industriel et agricole de l'Algérie,
n'étaient-elles pas du goût de la rédaction du journal
en question ?... Nous devons avouer qu'en traitant les
questions financières se rattachant à ces établissements, nous ne pouvions le faire sans toucher et mettre en évidence les personnes qui participent directement ou indirectement à l'impulsion plus ou moins
bonne de ces mêmes établissements ; il s'en est suivi
peut-être que notre travail a paru viser à la personnalité, chose qui était alors et qui est encore aujourd'hui loin de notre pensée et de notre intention,
mû que nous sommes par les seules questions de
principe, qui sont, à notre avis, toujours discutables.

Enfin, peu importe le motif qui nous a fait reléguer
dans l'ombre d'un carton ; il est de fait que depuis

lors nous ne pensions plus à ce pauvre travail, qui, s'il eût paru alors, serait aujourd'hui accusé d'avoir été le précurseur de la question qui se débat en ce moment entre ceux qui demandent la Banque de France au lieu et place de la Banque de l'Algérie, et ceux qui veulent la conservation de cette dernière. Grave et importante question que celle-là ! Plus loin nous essayerons de l'approfondir autant que nos connaissances des questions banquières nous le permettront.

Nous vous disions donc, ami lecteur, que nous ne songions plus à notre premier travail, lorsqu'un beau jour, il nous fut présenté une pétition demandant au Prince-Ministre de l'Algérie et des Colonies, le remplacement de notre Banque par la Banque de France. Cette pétition était respectable par le nombre et la position commerciale des signataires, et, comme ce changement entrait entièrement dans nos idées, — pour le profit de l'Algérie bien entendu, — nous y apposâmes notre griffe. Le même jour, on nous apprit que la Chambre de Commerce d'Alger, avait à l'unanimité voté non-seulement le principe de ce changement, mais un rapport parfaitement rédigé et très-concis, tel qu'il le fallait pour faire ressortir aux yeux du Prince-Ministre l'importance que le commerce, représenté par la Chambre, attachait à cette demande.

Cette pétition et cette délibération avaient une portée autrement sérieuse que notre modeste écrit qui n'était qu'un produit individuel et par conséquent sans force pour arriver aux réformes que nous signalions; tandis que la force collective, représentée par l'unanimité de notre Chambre de Commerce et par la grande majorité de nos commerçants d'Alger, devait être toute puissante auprès du Prince-Ministre, qui obtiendra, — nous n'en doutons pas, — de la Banque de France, la faveur de son installation dans nos trois provinces. Notre belle Algérie, ne demande que ce diplôme de confiance, source du crédit, pour s'élancer vers sa prospérité par l'accroissement rapide de sa colonisation, sans laquelle le commerce et l'industrie ne peuvent exister.

Nous n'ignorions pas qu'il y avait des opposants à ce vœu du commerce, surtout parmi ceux qui trouvent qu'un changement, — peu importe en quoi, — est toujours regrettable, à cause des habitudes prises. Ils désirent indubitablement autant que nous le progrès, mais avec cette différence de ne l'admettre qu'autant qu'il a produit tout son effet. C'est la marche de la tortue dans un siècle où la célérité et la promptitude d'exécution dominent les choses et les hommes.

Mais nous étions loin de penser qu'un opuscule sorti de la plume d'un banquier ayant l'habitude de la polémique, viendrait par ses *Réflexions à propos de l'Adresse de la Chambre de Commerce d'Alger*, jeter dans un des plateaux de la balance le poids énorme de ses *Réflexions* et de sa vieille expérience d'écrivain, non pas pour la faire pencher en faveur du *statu quo*, qui doit être pour lui comme il est pour nous l'antipode du progrès, mais en faveur du plus grand monopole financier que l'on puisse imaginer.

Si ce monopole avait pour conséquence la prospérité financière et commerciale de l'Algérie, nous le comprendrions et l'accepterions à deux mains. Mais le créer au profit seul de la Banque de l'Algérie, ou pour mieux dire de ses actionnaires, ce serait écraser d'avance tous les établissements de banque qui viendraient s'établir dans la colonie et qui ne voudraient pas subir la loi ou le caprice que forcément leur imposerait la Banque de l'Algérie, surtout si elle obtenait la réforme de ses statuts dans le sens demandé par l'auteur des *Réflexions*; nous nous permettrons de le lui prouver par des considérations sur ses *Réflexions*.

Dans le siècle de progrès où nous vivons, il est admis et reconnu que de la discussion jaillit la lumière, et comme les partisans du *statu quo* demandent à être éclairés, nous' nous permettrons de refondre notre travail primitif au profit d'une question si simple mais pouvant avoir une importance très-grande sur l'avenir financier de l'Algérie, d'approprier ce travail à la circonstance, d'en agrandir le cadre, s'il le faut, et de le livrer au public, surtout aux hommes de finance qui sont, selon nous, les meilleurs juges pour trancher la question.

Nous demandons en outre au lecteur et à M. J.-A. Rey la permission de réfuter avant tout l'auteur des *Réflexions*; qu'on nous pardonne si cette réfutation devient le principal de notre écrit au lieu d'en être l'accessoire. L'essentiel est d'atteindre le but que nous nous proposons qui n'est autre que l'intérêt agricole, commercial et industriel de la colonie.

Nous n'aimons guère, par position et par goût, à nous mettre en évidence, mais lorsqu'il faut combattre soit pour l'accroissement des forces vitales de notre France africaine à laquelle nous sommes attaché de cœur et d'intérêt, soit pour empêcher ou détruire un monopole quelconque, toujours préjudiciable à la réalisation du progrès, et, par suite, au bien-être de notre pauvre humanité, nous mettons au service de cette cause, sans crainte du préjudice personnel qu'il peut nous en advenir, notre énergie et nos faibles moyens intellectuels.

E. GANZIN.

Alger, novembre 1858.

CONSIDÉRATIONS

Sur des **RÉFLEXIONS** à propos de la Banque de l'Algérie

et de la Banque de France

I

Après une lecture attentive de l'opuscule signé J. A. Rey, intitulé *A propos d'une Adresse de la Chambre de Commerce d'Alger*, nous nous sommes demandé si l'auteur de cet écrit était réellement le brillant écrivain d'autrefois, dont la plume si serrée, si vigoureuse, si logique et surtout si convenable dans sa polémique de journaliste, attirait vers lui les sympathies de notre public algérien. Nous en aurions douté si l'écrit en question n'avait porté son nom. Il faut que la cause qu'il a défendue soit bien ingrate ou bien difficile à faire admettre, pour que les arguments sérieux, les faits à l'appui, et les comparaisons appuyées sur des chiffres réels, lui aient fait complètement défaut ; et, par suite, la vigueur du raisonnement, prenant sa puissance sur la logique indispensable en pareille matière, s'est trouvée vaincue par deux idées dominantes.

La première : le maintien quand même de la Banque de l'Algérie, avec augmentation de puissance dans son monopole ;

La deuxième : ridiculiser, — si faire se pouvait, — la délibération et le rapport de la Chambre de Commerce d'Alger, ainsi que la pétition signée par une partie de notre commerce. Seul moyen probablement d'obtenir le triomphe de la première idée qui était le but.

Nous regrettons vivement que l'auteur n'ait pas prévu qu'en prenant la voie détournée du paradoxe, il arriverait forcément à laisser le principal de la question, pour courir après l'accessoire, lequel accessoire se résume selon nous, — d'après le fond de ses réflexions, — à une question de personne ou de boutique, comme il voudra ; de là à une personnalité ou à une inconvenance d'intention, il n'y avait que la distance d'un trait de plume, facile à franchir malgré soi, dans l'ardeur d'une polémique que l'on voulait rendre personnelle au lieu de l'appuyer sur les principes d'économie politique régissant la finance et les banques.

Cette appréciation ne nous est pas seulement personnelle, elle appartient à la généralité des gens sérieux qui ont pris connaissance des *Réflexions*, elle a sa base dans la pensée dominante de l'écrit même, et surtout dans sa conclusion, dont voici les termes textuels :

« Avec beaucoup de tact, la Chambre a senti qu'en présence de l'intérêt public tout intérêt personnel et surtout
l'intérêt de boutique doivent s'effacer et tâcher de glisser
inaperçus.

« Je fais donc comme si je ne les apercevais pas; et,
puisqu'ils ont la pudeur de se voiler, je leur épargne les
observations qu'ils mériteraient s'ils osaient ouvertement
se mesurer avec l'intérêt public. »

Ce dernier cri de l'auteur des *Réflexions* nous a paru
bien audacieux et en même temps bien dédaigneux pour
n'être pas relevé; c'est pourquoi il nous permettra de lui
dire franchement que le fond de ses arguments manque
par la base ; quant à la forme, elle est trop empreinte de
personnalité, — déguisée il est vrai, — pour que nous
puissions l'approuver. Nous lui dirons aussi qu'il doit
savoir, vu son expérience de journaliste, que la personnalité poussée trop loin, est une arme dangereuse qui
blesse le plus souvent celui qui s'en sert.

Que dirait M. J.-A. Rey si, par suite de mures réflexions
le public lecteur, plus ou moins intéressé dans cette question, trouvait autre part que là où il l'indique l'intérêt de
boutique si maladroitement mis en avant. Alors, ne pour-
rait-il pas se faire que ce bon public, mettant de côté
toute pudeur, n'épargnât pas à l'auteur les observations
qu'il mériterait en cette circonstance? Car, tout débonnaire
qu'il est, — le public, — il n'aime pas à passer pour dupe
ou pour complice d'une coterie imaginaire, lorsqu'il croit
agir dans un but d'intérêt général.

Si l'auteur des *Réflexions* peut nous prouver que notre
appréciation sur le fond de son écrit jugé au point de

vue des conséquences qu'il en a tirées, est injuste, nous consentons d'avance :

1° A reconnaître qu'il a eu raison de prêter à tous les membres de la Chambre de Commerce une connivence avec l'un deux pour servir l'intérêt de boutique de ce dernier ;

2° A reconnaître que les nombreux signataires de la pétition, y compris notre personne, sont de connivence aussi pour aider et soutenir ce même intérêt de boutique;

3° A reconnaître que l'auteur des *Réflexions* a, seul parmi nous, la science infuse des questions financières, qu'en conséquence, il doit être l'oracle dans la question pendante, et qu'à ce titre, son opinion doit prédominer auprès du gouvernement ;

4° A reconnaître aussi que le Gérant du Comptoir de circulation n'a tenu, dans sa défense de la Banque de l'Algérie, aucun compte de la reconnaissance qui peut le lier à l'administration de cette Banque, par suite de ses relations avec elle comme banquier et des faveurs dont on le croit comblé par elle, faveurs, — si cela était, — très-profitables à ses actionnaires;

5° Qu'il a été réellement sincère lorsqu'il a résumé la la question par le rejet de la Banque de France, demandée seulement, — d'après lui, — dans un intérêt de boutique; et cela, malgré le vœu unanime de la Chambre de Commerce, et malgré les nombreuses et solides signatures apposées sur la pétition.

Personnellement, nous estimons beaucoup l'auteur des *Réflexions*, et bien souvent nous avons rendu justice à son talent d'écrivain ; c'est pourquoi nous aurions désiré voir dans son opuscule plus de modestie dans le langage, liée à plus de convenance dans l'appréciation d'une délibération de notre Chambre de Commerce qui est un corps constitué et collectif, ayant la rude mission d'éclairer le gouvernement sur les réformes et innovations à introduire dans tout ce qui touche au commerce et à l'industrie de la France et de ses colonies.

Nous savons comme lui que toute délibération, rendue publique par l'impression d'un rapport voté et répandu, est sujette à controverse, seul moyen d'éclairer l'opinion publique. Nous savons aussi qu'un corps constitué n'est pas plus infaillible qu'un seul individu ; que, par cela même, il est susceptible de se tromper ; mais il ne s'en suit pas, selon nous, que l'on ait le droit de le railler au lieu de le combattre ; de supposer que parmi ses délibérations il y en ait une seule qui puisse avoir pour principal mobile l'intérêt personnel d'un de ses membres. Ceci est inadmissible, indiscutable, attendu que les délibérations d'un corps de cette nature passent toujours au creuset gouvernemental qui en extrait les parties saines pouvant apporter un progrès dans notre économie commerciale et industrielle.

Si nous nous permettons ces observations à son égard, le motif en est dans tout ce que nous venons d'énoncer, et surtout dans notre crainte que, si son écrit a passé sous les yeux du Prince Ministre de l'Algérie, le Prince en ait éprouvé une fâcheuse impression sur la valeur personnelle ou de l'auteur des *Réflexions* ou des élus du Commerce d'Alger, si cavalièrement traités, et qui, cependant, doivent, comme dans toutes les villes où existe une Chambre de Commerce élective, représenter les sommités intellectuelles et commerciales de la localité.

Heureusement que le Prince Ministre, dont les principes ont toujours été pour le progrès et la liberté et non pour le monopole toujours funeste à l'extension commerciale et industrielle, remarquera que l'écrit que nous combattons est le fait isolé d'une individualité, — comme l'est le nôtre, — qui peut avoir à l'égard de notre Banque et par le seul fait de la position banquière de l'auteur, plus ou moins d'intérêt à la conservation du *statu quo*, tandis que la délibération de notre Chambre de Commerce et les pétitions envoyées sont le fait d'une collectivité ayant, — nous l'espérons, — une toute autre importance auprès de lui.

II

Examinons maintenant le fond et la portée de l'écrit signé : J. A. REY, en suivant autant que possible l'ordre établi par l'auteur.

Examinons sur quelle base reposent les arguments, les faits saillants et palpables qui ont dû selon lui, frapper l'esprit du lecteur d'une conviction telle que ce même lecteur ait été forcé de reconnaître que l'auteur a eu raison de vouloir le *statu quo* au lieu d'un progrès financier.

Nous passerons sous silence la manière ingénieuse dont il a su tirer parti, dans l'intérêt de sa cause, des principes de décentralisation émis par le Prince Ministre, dans son discours de Limoges. C'est une passe d'armes interprétative très-usitée dans la polémique du journalisme, voilà tout ; quant aux conséquenses qu'il veut en tirer, il ne peut y en avoir, car l'interprétation est une arme à deux tranchants facile à retourner contre celui qui s'ent sert, même en lui opposant ses propres citations. Aussi nous laissons au discours de Limoges la portée qu'il doit avoir par rapport à l'ensemble des institutions politiques, et à la réforme des institutions départementales et commerciales de la France, et à la réorganisation en cours d'exécution de nos institutions algériennes. Ce serait rapetisser ce beau programme du Prince Ministre, que de le faire servir comme argument dans la discusion qui nous occupe.

Venons aux faits de la question banquière :

Oui, la *Banque de l'Algérie* a prospéré, mais seulement par le fait de l'accroissement de notre culture, de notre commerce et de notre population. Au lieu d'en être la cause, elle en a ressenti les effets.

On nous dit qu'elle a fondé son crédit personnel. Avec le privilége et le monopole qui la couvrent, il ne pouvait en être autrement. Mais a-t-elle fondé le crédit commercial et industriel de la colonie dans la colonie, ou aidé à la création de ce crédit ? Nous ne le pensons pas, attendu que le crédit direct, tel qu'il est compris dans tout pays commercial, n'a pas un atome d'existence en Algérie ; et cependant, comme nous l'avons déjà dit, notre Banque a été mise au monde dans le but d'instituer par son concours ce crédit si indispensable à l'accroissement et à la solidité des affaires d'une colonie naissante.

L'auteur des *Réflexions*, en sa qualité de banquier, et l'administration de la Banque de l'Algérie nous permettront sans doute de leur poser ces quelques questions :

N'est-ce pas par l'application du crédit direct, pratiqué par les Banques américaines, que les États-Unis sont parvenus en un demi siècle à fonder cette puissance commerciale, industrielle et colonisatrice qui rivalise avec celle de l'Angleterre ?

N'est-ce pas grâce à ce principe que l'Angleterre a atteint sa supériorité commerciale et industrielle sur le monde entier ?

N'est-ce pas l'application de ce même principe qui fait la richesse de la Belgique et celle de la Suisse, qui cependant sont deux petits États ?

L'Allemagne, comment développe-t-elle, dans des proportions si avantageuses, son commerce, son industrie, voire même la production de son sol ? N'est ce pas par l'application du crédit direct ? N'est ce pas par ces nombreuses banques, et par une émission largement développée de billets au porteur faisant fonction de monnaie ?

Par quelle voie la France est-elle devenue si puissante, si prospère dans son commerce et dans son industrie ? N'est-ce pas par la voie productive du crédit appuyé sur le levier tout puissant de l'association qui centuple l'un par l'autre la circulation du signe représentatif de ses opérations financières et commerciales ?

Est-ce qu'en économie politique, le crédit sagement appliqué n'a pas pour effet de diminuer le taux de l'argent par la multiplicité des affaires qu'il crée?

Est-ce que l'intérêt général et la richesse d'un pays ne sont pas dans l'augmentation constante du chiffre de sa circulation monétaire et de son papier commercial, signe représentatif du crédit, lors même que cette augmentation ne peut se faire que par la diminution du profit offert par chaque opération; et, en ce cas, n'y a-t-il pas une large compensation au profit des banques et au profit de ceux qui y ont recours?

Nous venons de prouver l'effet de la puissance du crédit sur la prospérité des Etats. Maintenant, nous prouverons qu'une nation ou une colonie, — peu importe, l'effet est toujours le même, — où le crédit n'existe qu'à l'état d'embryon et où il est lent à se développer, cette nation ou cette colonie est sans progrès et même sans vitalité pour l'amélioration de son bien-être et pour l'augmentation de ses richesses.

Que l'on se rappelle l'Espagne et le Portugal des temps passés, alors si puissants et si riches, aujourd'hui si déchus, commercialement parlant. Depuis combien d'années, ces deux nations, ainsi qu'une partie de l'Italie, sont-elles sur la voie du progrès qui a eu pour conséquence naturelle un accroissement considérable dans leur production et leurs échanges?

N'est-ce pas depuis que l'initiative des grands établissements financiers anglo-français, y ont importé, non-seulement des capitaux, mais le principe d'association, d'où est sorti le crédit financier, commercial et industriel, lequel deviendra aussi vivifiant que l'or du Mexique et du Pérou dont les deux premiers regorgeaient autrefois?

Nous ne dirons pas à notre timide et parcimonieuse Banque de l'Algérie de suivre la marche de ses sœurs américaines ou européennes: elle périrait, quoique jeune d'existence, par l'effet seul de la peur d'emboiter une allure si déterminée, allure au-dessus de sa force physique et de sa base métallique. Elle n'a pas à craindre d'en arriver là, par le motif qu'elle sait mieux que nous que ses statuts, appuyés sur le privilége de battre monnaie, s'opposent rigoureusement à ce qu'elle entre elle-même dans la voie du crédit direct, à moins cependant d'avoir en garantie des gages autres qu'une simple signature commerciale. Mais elle pouvait et elle devait, conformément au but de sa création, faciliter le crédit direct par l'intermédiaire des établissements de banque privés qui sont pour elle les canaux indispensables à la circulation de son numéraire et de ses billets au porteur.

Pour cela, qu'avait-elle à faire? Faciliter l'écoulement du portefeuille de toute banque reposant sur un capital réel et connu et qui serait entrée franchement, mais avec prudence, dans la voie du crédit direct, basé sur un escompte raisonnable et non ruineux pour ceux qui en auraient usé.

Est-elle entrée dans cette voie? Devant les faits passés et actuels et devant la situation présente de l'industrie et du commerce algérien, nous répondrons: Non.

On nous dit bien:

« Le crédit est fondé, solidement assis, il fonctionne avec une remarquable régularité, on n'aperçoit pas la nécessité d'une transformation, et, s'il n'est question que de développer le crédit, on se demande pourquoi le commerce algérien ne saurait pas développer lui-même ce que par lui-même il a su fonder. »

L'auteur des *Réflexions* plaisante, s'il veut parler du crédit appliqué régulièrement au commerce, à l'industrie et à l'agriculture de l'Algérie, par nos banques, peu importe lesquelles. Ce crédit-là n'existe, jusqu'à présent, que sous la condition d'un papier cautionné par un endosseur ; mais cela est de l'escompte et non du crédit.

Il est dans le vrai, s'il veut faire allusion au crédit personnel dont jouit la Banque de l'Algérie, soit en Algérie, soit dans les villes de France, qui ont des rapports avec la colonie.

Quant à développer par nous-même ce que nous avons fondé, M. J.-A. Rey doit savoir mieux que nous que la chose ne peut se faire que par des capitaux disponibles, c'est-à-dire n'ayant pas d'emploi plus lucratif. Ceux-là n'existent pas en Algérie ; et, la preuve, c'est que la majeure partie des porteurs de titres, composant le capital de la Banque de l'Algérie et des autres Banques fondées par l'association, ne sont pas en Algérie, mais bien en France. Le commerçant, l'industriel et le colon algériens ont en général trop besoin de leur numéraire pour l'immobiliser au profit d'une Banque qui ne leur accorde qu'un crédit gagé sur dépôt de titres de rente, sur matières d'or et d'argent ou sur connaissements de marchandises, ou bien sur les valeurs commerciales garanties par deux signatures de choix.

Nous avons avancé, dans notre introduction, que le crédit direct n'existe pas en Algérie pour les transactions intérieures, sauf cependant celui fait par les commerçants,

à l'égard du détaillant, et de celui-ci à l'égard du consommateur. En dehors de là, nous maintenons que, sauf quelques rares exceptions, le crédit est un mythe. Il a existé
cependant, — si notre mémoire ne nous fait pas défaut, —
de 1841 à 1847, et nous n'avions pas alors pour y puiser
par la voie du réescompte un réservoir tel que celui de
la Banque de l'Algérie.

Ce qui nous frappe et nous étonne extraordinairement,
c'est qu'à l'époque à laquelle nous venons de faire allusion,
l'agriculture et l'industrie algériennes n'existaient pas,
la production du sol était tout indigène, et notre exportation tout-à-fait nulle. Alors nous aurions compris la difficulté et même l'impossibilité de pratiquer le Crédit direct
pour les transactions réellement algériennes ; mais aujour-
d'hui, ou pour mieux dire depuis quelques années, que
la production coloniale augmente annuellement dans des
proportions remarquables ; que la propriété rurale, par
le fait de cette production, a acquis une valeur réelle et
réalisable ; aujourd'hui que la propriété immobilière, très-
bien assise par suite de la liquidation de 1848 , a une valeur indiscutable ; que certaines industries reposant d'une
part sur des immeubles assez importants ayant une valeur
plus ou moins considérable , et, d'autre part, reposant sur
des bénéfices résultant de la transformation des produits du
sol algérien , offrent dans leur ensemble une garantie de
transaction réelle et des plus sérieuses , nous nous demandons quel est le motif plausible, la cause dominante
qui a empêché le crédit direct de se reconstituer dans des
conditions si marquées , tandis qu'il avait existé à une
époque offrant cent fois moins de garantie qu'aujourd'hui.

Cette transformation en sens opposé de ce qui se passe partout ailleurs selon les principes et les conséquences formant la base rigoureuse de toute économie politique et financière, surprendrait, nous en sommes convaincu, nos célèbres économistes. Pour nous, nous avouons humblement que notre intelligence n'est pas à la portée de cette énigme ; aussi nous faisons appel aux lumières de l'auteur des *Réflexions* pour résoudre au profit de l'Algérie ce difficile problème.

III

L'auteur des *Réflexions* nous dit :

« Le public, peu initié aux arcanes de la finance, n'en prend qu'un médiocre souci. Tout ce qu'il veut c'est que le crédit soit proportionné à ses besoins et mis à la portée de tous. Ce qu'il veut, c'est que la propriété du sol soit débarrassé de tous les obstacles qui en interceptent l'accès au travail ; c'est que l'agriculture puisse se développer largement ; c'est que le territoire, sillonné de routes carrossables et de voies ferrées, se prête à la libre circulation des marchandises, etc., etc.

» Voilà tout ce qu'il y a dans le vœu général ; il n'y a pas autre chose, ou du moins n'y a-t-il rien de spécial au sujet de telle banque ou de telle autre. »

Passant sous silence le compliment peu flatteur que l'auteur adresse à notre public commerçant, sous le rapport de ses connaissances financières, nous lui dirons que, tout ignorant qu'il lui paraît être à cet égard, ce bonhomme de public algérien a assez bien compris la question financière, lorsqu'il a contribué par son concours et par sa bourse à la création du défunt Comptoir d'escompte plus tard à celle de la Banque de l'Algérie, et plus tard encore à celles de la Caisse du Commerce algérien, du Comptoir algérien de circulation et des deux Caisses d'escompte et de recouvrement.

Quel était le but ou l'intention de chaque membre de ce public collectif, lorsqu'il apposait les premières pierres de fondation à ces édifices financiers? N'était-ce pas de réunir des forces éparses, improductives par ce fait, pour les concentrer en une ou plusieurs mains, de manière à former un faisceau financier assez puissant pour reconstituer le crédit direct, disparu de l'Algérie?

En quoi s'est-il trompé alors? N'est-ce pas en croyant que la Banque de l'Algérie, grâce à l'importance de son capital métallique triplé dans sa circulation par le fait de son capital-billets, serait assez puissante pour créer autour d'elle, par la voie de ses canaux naturels, les banques privées, le crédit dont le commerce et l'industrie ne peuvent se passer, à moins de succomber sous le poids énorme du taux de l'intérêt établi par la classe des escompteurs dont nous avons déjà parlé.

Examinons quel doit être le rôle d'une banque ayant le privilège d'émettre du papier-monnaie pour une somme deux fois égale au montant de son capital métallique, et réalisant par conséquent un intérêt-bénéfice réellement triple de son capital-espèces. N'est-ce pas remplir l'office d'un vaste réservoir d'alimentation distribuant, — tout en les régularisant, — la vie et le mouvement progressif du commerce et de l'industrie? Ne pouvant, par son essence même, répartir directement partout le crédit, elle doit créer autour d'elle de grands canaux d'écoulement chargés de distribuer, en tant que possible, le principe du mouvement et de la vie aux parties qu'elle ne peut atteindre; mais si, dans la peur de trop entrouvrir les vannes de chaque ou de quelques uns de ces canaux de distribution, elle ne laisse échapper qu'un tout petit filet de son flot métallique, et que ce filet soit insuffisant pour fertiliser tout le cours des canaux auxiliaires, alors tout ce qui se trouve un peu éloigné du centre, — soit du réservoir distributeur, — souffre; et, si cet état se perpétue, ce qui n'était qu'en état de souffrance, meurt.

En ce cas, on est en droit de se demander à quoi sert ce réservoir privilégié qui retient improductif, pour ce qui l'entoure et pour lui-même, une partie de sa richesse métallique, laquelle devrait toujours circuler au lieu de rester stagnante.

On est en droit aussi d'examiner si, par hasard, il n'y aurait pas vice dans sa construction, vice qui ne permettrait pas un écoulement suffisant, ou bien si le mécanisme et la grandeur des vannes, par cela qu'elles ont été créées à une époque qui n'exigeait ni plus ni mieux, ne sont pas aujourd'hui très-insuffisants, en présence du changement radical qui s'opère en faveur de l'Algérie, par la volonté intelligente et ferme d'un Prince qui comprend

que le progrès, largement appliqué en toute, chose, constitue l'existence et l'accroissement du bien-être d'une colonie.

Voilà la question que s'est posée sans doute et qu'a réso-
lue affirmativement la Chambre de Commerce d'Alger, et
notre public signataire de la pétition.

A la manifestation publique de ce vœu, on repond laco-
niquement : « Si la Banque de l'Algérie est jugée insuffisante dans son capital , accordez-lui l'autorisation de
l'augmenter au fur et mesure que son conseil d'administration en reconnaîtra la nécessité. Si elle pèche par ses
statuts, réformez-les en lui accordant le droit d'étendre
le rayon de ses comptes-courants intérêts, et l'échéance
de ses remises en compte, et, surtout, accordez-lui le droit
de réescompter son portefeuille où elle le jugera convenable. »

En un mot, pour exprimer la véritable pensée de l'Auteur des *Réflexions*, il vaudrait mieux dire franchement :
la Banque de l'Algérie n'a pas assez de pouvoir, elle n'est
pas assez omnipotente pour dominer comme elle le voudrait la position financière de l'Algérie, aussi faut-il agrandir son monopole jusqu'à la dernière limite du possible ;
alors tout ira au mieux, — financièrement parlant, — dans
la meilleure de nos colonies et surtout dans la poche de
ses actionnaires actuels et futurs.

Vraiment, pour un banquier ami du paradoxe et que
nous croyons par principe ennemi déclaré de tout monopole, c'est aller vite en besogne ! Nous qui n'avons été
que commis-banquier dans notre jeunesse , nous nous
permettrons de lui prédire qu'avec l'application de ses

vœux monopoliseurs en faveur de sa bien aimée Banque de l'Algérie, il ne se passerait pas une année, sans que tous les établissements de Banque de l'Algérie, fussent littéralement étouffés, — si cela convenait à la Banque, — y compris même le Comptoir algérien de circulation, à moins cependant qu'en reconnaissance de la puissance absorbante que le Gérant de ce Comptoir aurait contribué à lui faire accorder, la Banque de l'Algérie lui fît la grâce de le laiser glaner après lui.

Comment! Ce qu'on n'a jamais voulu accorder aux Banques départementales lorsqu'elles existaient, ce que la puissante Banque de France n'a jamais osé demander, l'escompte du papier en dehors du siége de résidence, on l'a accordé à notre Banque qui a le droit d'escompte d'un bout à l'autre de l'Algérie! Et cela ne lui suffit pas, quoique ce fait seul soit un empêchement non seulement à l'extension des Banques privées actuelles mais encore à la venue de nouvelles Banques privées pouvant disposer d'un ou plusieurs millions! Il lui faut encore l'émancipation du contrôle du Ministre des finances, pour rester en présence du contrôle seul d'un conseil d'administration! Cela, nous le croyons, dépasse les bornes de la prudence.

Nous comprendrions peut-être une semblable demande si la Banque de l'Algérie avait répondu par ses actes passés à la haute mission qui lui avait été donnée, celle de reconstituer, par sa force financière, le crédit disparu dans notre crise de 1847; et, de faciliter par un appui réel l'établissement de nombreuses Banques particulières qui, par leur nombre et l'importance de leurs capitaux, auraient amené une véritable concurrence dans les opérations

d'escompte et de crédit. D'autant plus que cette concurrence aurait eu pour effet la diminution du taux de l'intérêt de l'argent, même à l'égard des nombreux escompteurs qui auraient été forcés ou de suspendre le genre de leurs placements, ou de les ramener dans des conditions convenables, ce qui aurait permis à ceux qui y ont recours forcément, de conserver une partie quelconque du bénéfice obtenu à force de labeur.

A-t-elle produit ou réalisé ces effets? La masse de notre public commerçant, industriels et colons, est mieux à même que nous de répondre à cette question, si on voulait bien la lui poser nettement, mais individuellement et en dehors de toute pression, c'est-à-dire de toute pensée de crainte au sujet du plus ou moins de largesse ou diminution dans le chiffre total du compte courant ouvert par la Banque de l'Algérie.

L'auteur des *Réflexions*, en émettant ce vœu d'extension, a oublié qu'en toute chose il faut être conséquent et logique surtout. Sa demande nous paraît un non sens, car vouloir être en même temps Banque à privilége et monopole, et Banque libre de toute entrave, est impossible.

Si vous voulez une liberté complète dans les mouvements et l'organisation de la Banque de l'Algérie, renoncéz pour elle au privilège de battre monnaie, privilége qui lui assurera toujours la prédominance sur toute autre Banque; alors elle deviendra Banque privée subissant les effets d'une loyale et libre concurrence.

Si, au contraire, vous préférez la voir jouir de ses priviléges, ce qui lui assure un bénéfice plus considérable par suite de son capital-billets qui ne coûte guère à ses actionnaires, elle doit subir la conséquence des entraves et du contrôle gouvernemental qui sont indispensables à la garantie de son papier monnaie.

Avouez que ce serait trop beau pour elle et trop écrasant pour les autres Banques, si elle pouvait réunir aux bénéfices provenant de son privilége, ceux provenant de de la liberté d'agir comme elle l'entendrait, sans autre contrôle que celui de son conseil d'administration.

On nous dit qu'il n'est pas possible de démontrer que la venue de la Banque de France réaliserait, par sa seule présence, tous les progrès signalés par la Chambre de Commerce d'Alger; qu'un pareil miracle est au-dessus de sa puissance et de ses ressources; et que même elle ne voudrait ou ne pourrait modifier ses statuts au profit de l'Algérie.

Dieu nous garde d'une modification qui la ferait rentrer dans les principes monopoliseurs que nous reprochons à la Banque de l'Algérie. Où serait alors l'amélioration désirée et réclamée? Extension de priviléges pour extension de priviléges de même nature, ce n'est pas la peine de changer. Pourquoi réclame-t-on la venue de la Banque de France? Est-ce que, dans les nombreux motifs d'ordre supérieur, il n'y a pas celui de ses statuts qui lui défend de rayonner en dehors de ses lieux de résidence? Cette barrière que le gouvernement lui a opposé par crainte d'une trop grande extension pouvant conduire à l'envahissement de toute la circulation monétaire et valeurs commerciales de la France, n'a-t-elle pas pour but de grouper autour de ce grand centre financier le plus grand nombre possibles de banques privées auxquelles il doit imprimer le mouvement circulatoire par sa puissance métallique, mais à la condition sous-entendue de le répandre elles-mêmes dans des conditions convenables et profitables à tous ?

Nous savons qu'en toute chose l'exagération et les vagues banalités ne produisent en réalité que des mots ; mais nous savons aussi en bonne et belle réalité que, malgré le trop plein métallique sans emploi de notre Banque de l'Algérie, le commerce, l'industrie et l'agriculture souffrent énormément du taux exorbitant de l'argent, celui-ci pris en dehors de ladite Banque.

Si les capitaux ne nous ont jamais fait défaut et qu'ils soient suffisants, comme on l'affirme, comment se fait-il que, du taux de notre Banque privilégiée, qui est 6 %, on saute d'un seul bond à 8, à 12 % en Banque d'association, et à 18, à 24 % en Banque privée ? Quant à celui prélevé par la classe nombreuse des escompteurs, il n'y a pour ainsi dire aucune limite. Il est subordonné à la situation de la place et à la position de la personne qui en use. Il est aussi réglé par le plus ou moins de resserrement du coffre-fort de la Banque, fait ayant pour conséquence de resserrer celui des banquiers de la première catégorie : lorsqu'il y a resserrement de ces deux côtés, les autres moissonnent avec choix les valeurs refusées par prudence, sauf à les faire rentrer, par la voie du réescompte et au taux modique pour eux de 6 %, dans le portefeuille de la Banque qui trouve alors très-convenable la garantie du dernier endosseur, lequel réalise, par cette opération, un tout léger bénéfice net de 12, 18 ou 30 %, selon le taux auquel il a escompté.

Si, malgré ou d'après cela, on induit que les capitaux

nécessaires au mouvement de la circulation dans la colonie sont actuellement suffisants, et que ce sont les affaires qui manquent et non l'argent, comme les partisans du *statu quo* l'affirment, nous n'avons qu'une observation à faire.

C'est qu'en présence du maintien quand même du taux gradué des valeurs escomptables dont nous venons de parler, et qui est la preuve la plus certaine de la non existence du crédit personnel, il doit y avoir vice au centre distributeur et régulateur. Or, ce vice est, d'après nous, adhérent, non pas aux personnes prises individuellement qui administrent ce centre, mais au point de départ et à la marche imprimée par la collectivité de son conseil d'administration qui sauvegarde un peu trop l'intérêt personnel de l'établissement au détriment de la prospérité commerciale du pays. Ce conseil ne prend pas assez garde que la conséquence forcée des principes qui ont dirigé jusqu'à ce jour la Banque de l'Algérie, doit amener dans un délai assez court la ruine du commerce, au profit de ceux-là seuls qui, par un escompte de 18 à 36 %, doublent leur argent en une période de trois à cinq années.

Tournons nos regards autour de nous, et voyons un peu si, depuis quinze ans, dans une ville de 60,000 âmes, capitale et centre d'une importante colonie, le commerce et l'industrie se sont enrichis dans les mêmes proportions qu'en une ville importante de France, ayant à peu près la même population et le même chiffre de transactions. Où sont les fortunes commerciales importantes que l'on puisse citer ici, sauf quelques très-rares exceptions? Sauf celles ayant pour point de départ des fournitures ou des travaux faits pour compte de l'État, nous ne voyons rien approchant ce qui existe en dehors de la colonie. La meilleure preuve en est dans la position de la généralité de nos maisons commerciales opérant sur les produits du sol de l'Algérie.

D'après la situation actuelle, presque toutes sont forcées d'opérer à la Commission, pour compte des maisons de France. Leurs ressources personnelles, ne pouvant s'appuyer sur le crédit personnel et local qui n'existe pas, sont insuffisantes pour l'importance des opérations d'achat ; aussi, à la moindre crise commerciale de la Métropole, la position de ceux qui ont eu le courage ou l'imprudence de vouloir créer un commerce vraiment algérien, a été complètement ébranlée.

Le résultat de cette fausse position financière du commerce algérien, qui malheureusement se perpétue depuis quinze années, n'a-t-il pas eu pour conséquence des chutes déplorables qui auraient pu être, les unes amorties et les autres évitées, si des Banques en nombre et en capital suffisants avaient été organisées de manière à se prêter, dans des bornes raisonnables, au crédit direct.

La cause de cette position inférieure de la richesse personnelle et générale de notre commerce et de notre industrie, ne prend-elle pas sa source dans le défaut de crédit qui force le commerçant et l'industriel à puiser pour une partie de leurs opérations dans les coffre-forts de banquiers de la deuxième catégorie ou d'escompteurs aux mains desquels ils laissent la partie la plus réelle des bénéfices de leurs opérations ?

Devons-nous pour cela accuser ceux qui ne veulent faire circuler leurs capitaux qu'à la condition d'un bénéfice

exorbitant, et qui en France seraient honnis à titre
d'usuriers? Loin de nous cette pensée qui serait contraire
à nos principes en fait d'économie politique et commerciale, se résumant par la liberté la plus complète,
la plus absolue, moins la fraude. L'argent, pour nous, est
tout autant marchandise qu'un produit quelconque. Le
détenteur doit être libre d'en disposer comme il l'entend.
Au siècle de progrès où nous vivons, le préjugé arbitraire
qui veut forcer le capital libre à ne circuler qu'à la condition d'un taux-intérêt imposé règlementairement par ceux
qui en ont besoin, est un non sens, contraire aux principes
de droit et de liberté individuelle, autorisant tout pos-
sesseur légitime d'un objet, quelle que soit la nature de
cet objet, d'en user à son gré. Est-ce qu'en présence de la
demande, il n'y a pas le refus? Aussi, peu nous importe le
taux d'intérêt qu'exige et perçoit le détenteur du numéraire: cela ne regarde que sa conscience; libre à celui
qui veut y avoir recours de refuser s'il en trouve le prix
trop élevé.

On nous dira peut-être qu'avec de tels principes nous
aboutirons à conserver longtemps encore la fâcheuse
situation financière de l'Algérie. Oui, si, financièrement
parlant, on devait continuer sur les errements actuels;
mais, comme à côté d'un mal il y a toujours un remède
plus ou moins efficace, notre but a été de signaler le premier pour trouver le second.

D'après notre conviction, le remède, pour produire tout
son effet, doit provenir d'une institution financière autrement puissante et autrement vivifiante que notre parcimonieuse Banque de l'Algérie. La Banque de France,

par son organisation tutélaire et multiple, son énorme capital pouvant se reporter du centre aux extrémités selon les besoins du moment, son immense crédit européen et le bas prix de son ministère, aura seule le pouvoir de constituer et grouper autour d'elle de véritables Banques se contentant d'une commission raisonnable tout en étant lucrative, au lieu d'exploiter, sans merci, la situation et les personnes.

On dit: la Banque de France a des principes rigoureux et n'admet pas des boutiquiers ou des détaillants ; pourquoi cela? L'auteur des *Réflexions* n'a pas osé dire qu'elle était trop grande dame pour frayer avec eux ; mais il nous a cité la ville de Strasbourg dont la population, équivalente en nombre à celle de la ville d'Alger, n'avait que 82 maisons admises à l'escompte, tandis qu'Alger en possède 550. Pour que la démonstration eût quelque valeur, il aurait fallu nous dire combien il y a de banquiers sur les 82 élus de Strasbourg, et quel est le capital total représenté à l'escompte par ces banquiers, servant d'intermédiaires au détaillant et au boutiquier, à raison d'un intérêt-escompte variant de 5 à 6 % l'an, juste le taux de la Banque de l'Algérie.

Il fallait nous dire aussi, à titre de comparaison, quel est le chiffre total des escomptes réalisés par la succursale de Strasbourg durant une année. Nous aurions trouvé, pour l'exercice 1857, la somme de fr. 63,542,000, tandis que le chiffre des escomptes, opérées dans le même exercice par la Banque de l'Algérie et ses deux succursales, comprenant le papier sur toutes les localités de l'Algérie et sur France, s'élève à fr. 32,500,000 seulement! La différence nous paraît assez sensible en faveur de Strasbourg, pour que le commerce algérien puisse désirer être placé dans les mêmes conditions.

Puisque l'auteur des *Réflexions* était en si bonne voie de renseignements, il aurait dû s'informer et nous dire quel était le nombre des banquiers existant à Strasbourg, avant l'installation de la succursale de la Banque de France, et celui existant aujourd'hui ; quel était le taux de l'escompte, y compris la commission de change, prélevé avant et celui prélevé depuis cette installation.

Par ces deux renseignements, il aurait vu que le commerce de Strasbourg, quoique n'ayant que quatre-vingt-deux maisons admises à l'escompte, a obtenu plus de crédit et plus de facilité dans la circulation de son papier, depuis la venue de la Banque de France, le tout à plus bas prix qu'auparavant.

Cela se comprend : la Banque de France, en escomptant au taux moyen de 3 1/2 0/0, permet aux autres établissements de Banque de diminuer le leur dans les mêmes proportions.

Nous aurions été curieux de savoir aussi par M. J. A. REY si la Banque de France admet à l'honneur du compte-courant les maisons ou les personnes qui n'opèrent sur les valeurs commerciales qu'à la condition d'un intérêt dépassant du double et du triple le taux du cours commercial, c'est-à-dire celles qui escomptent en temps normal dans les mêmes proportions que certains de nos banquiers et escompteurs algériens, soit de 18 à 36 %.

Nous avons tout lieu de croire que s'il avait demandé ce dernier renseignement, on lui aurait répondu que la

Banque de France, ayant été instituée dans un but d'intérêt général, tel que le développement du crédit et l'abaissement du taux de l'argent, elle ne pouvait donner l'appui et le concours de son capital à ceux qui, de notoriété publique, sortaient dans de larges proportions du taux admis dans le commerce, pour entrer dans le taux appelé usuraire ; qu'agir différemment serait manquer au but de son programme et de son institution régulatrice et privilégiée.

IV

L'auteur des *Réflexions* voulant prouver que la venue de la Banque de France serait plutôt désastreuse qu'avantageuse à l'Algérie, nous dit que son fonctionnement a été principalement institué au profit des services publics et de la place de Paris ; qu'à ce point de vue, elle remplit les fonctions d'organe centralisateur n'affectionnant que les grands centres de population et les grandes voies de circulation ; la preuve la plus évidente qu'il puisse en donner réside dans l'histoire des succursales de ladite Banque, bornées, selon lui, à trente-huit, et dans les nombreuses barrières dont elle s'est entourée à l'égard des départements, pour ne rayonner en dehors de ses trente-huit aboutissants que par le moyen de réflecteurs intermédiaires dont le ministère est pour certaines localités assez coûteux.

Ce qui nous étonne, c'est une semblable induction de la part d'un Banquier qui, lui-même, sert d'intermédiaire entre la Banque de l'Algérie et le commerce d'Alger, et qui, mieux que tout autre, devrait comprendre que le gouvernement, en créant un foyer financier aussi puissant que la Banque de France, n'a pas voulu constituer un monopole où serait venu se briser tout autre établissement financier. Il devrait savoir qu'en lui accordant et renouvelant ses privilèges, le gouvernement a imposé à ladite Banque la mission d'être un établissement servant de régulateur au mouvement circulatoire du papier commercial, et l'obligation de répandre, au fur et mesure des besoins créés par l'accroissement général des forces productives de la France, un rayon de son foyer centralisateur sur chaque département; c'est pourquoi chaque année nous voyons grandir le cercle de ce foyer vivifiant qui engendre autour de lui de nombreux satellites s'appelant Banques, lesquels vivifient eux-mêmes le commerce, l'industrie et l'agriculture.

Est-ce que l'effet le plus réel produit par les succursales de la Banque de France n'a pas été la diminution du taux de l'intérêt commercial, partout où elles se sont implantées ? Est-ce qu'en recevant, — à titre d'intermédiaire, — du réservoir central, une partie du flot métallique, elles n'augmentent pas, par les canaux de nouveaux intermédiaires, la circulation monétaire et le mouvement de transaction, non-seulement aux lieux mêmes de résidence, mais dans un périmètre considérable. S'il en était autrement, nous

ne verrions pas les départements privés de succursales solli-
citer auprès du gouvernement la faveur d'en posséder une.

Examinons sans détour la portée des opérations faites
par les plus faibles succursales, et l'ensemble de celles
faites par notre Banque de l'Algérie, examinons l'effet produit par les unes et par l'autre sur le crédit et le mouvement commercial de leurs cercles respectifs ; par cette
comparaison nous arriverons probablement à résoudre le
problème de cette question qui doit amener au profit de
l'Algérie, la réforme de notre système financier, lequel
est on ne peut plus vicieux et ruineux.

Commençons par la Banque de l'Algérie, quoique nous
éprouvions quelques difficultés par suite des Comptes
rendus qui nous paraissent incomplets ; c'est-à-dire qu'il
n'y a pas de distinction de colonne pour les valeurs spéciales au lieu de résidence et les valeurs spéciales à
l'ensemble des localités intérieures. Il en est de même
pour les valeurs à l'encaissement provenant de France ou
de l'étranger, et celles de provenance algérienne, ainsi
que pour les mandats délivrés par elle, soit sur France,
soit sur ses deux succursales, de manière à pouvoir embras-
ser l'ensemble des opérations s'appliquant à la France et
celles s'appliquant à l'Algérie, par division de province.
Ajoutons que nous ne faisons ces remarques que dans un
intérêt de statistique et d'étude au point de vue de la
constatation du progrès financier de la colonie.

Le mouvement d'escompte de la Banque de l'Algérie
effectué dans le cours du dernier exercice (1856-1857),
s'élève à la somme de fr. 32,682,418.96 c., se divisant
comme suit :

Banque d'Alger.

Valeurs sur France 1,786,518 60
—   s/ Alger et sa prov. 13,590,676 55
—   s/ Constantine id.   493,431 51   16,367,621 63
—   s/ Oran   id.   496,994 97

Succursale de Constantine.

Valeurs sur France 1,129,327 39
—   s/ Alger et sa prov.   48,225 »
—   s/ Constantine id.   2,590,073 77   3,779,191 16
—   s/ Oran   id.   1,565 »

Succursale d'Oran.

Valeurs sur France 1,890,412 79
—   s/ Alger et sa prov.   195,011 48
—   s/ Constantine id.   16,731 69   12,535,606 17
—   s/ Oran   id. 10,433,450 21

Ainsi, dans l'ensemble général du mouvement d'escompte de notre Banque, le papier commercial escomptable sur France, se borne actuellement à fr. 4,806,258.78 c., somme insignifiante, si on la compare au chiffre total des exportations des produits du sol algérien, effectuées sur la Métropole.

Le chiffre des valeurs escomptées à la caisse de la Banque-mère sur ses deux succursales, et celui escompté par ces deux dernières sur la province d'Alger est autrement insignifiant :

Alger a reçu, sur les deux autres provinces, f. 990,426 48
Constantine,   id.   id.   59,790 »
Oran,   id.   id.   211,743 17

L'ensemble des trois provinces présente donc, pour l'exercice 1856-1857, un total de fr. 1,261,959.65 c.

Ce chiffre, pris dans son ensemble ou par détail, prouve une chose , c'est que les transactions de province à province sont pour ainsi dire nulles, et que leur mouvement financier est complètement indépendant des unes aux autres. Leurs tendances, comme on le voit, se portent ou se maintiennent naturellement sur la production provinciale d'abord, et ensuite vers la métropole qui reçoit les produits de son sol en échange de l'envoi des produits fabriqués qui lui sont indispensables.

Voyons si, sous le rapport des encaissements qui figurent au Compte-rendu pour la somme de fr. 36,787,910.70 c. diffère de celui des escomptes. En voici le détail :

Banque d'Alger.

Sur France . . . . 14,823,756 14 ⎫
S/ Alger et sa province . . 9,859,488 77 ⎪
                                           ⎬ 28,862,660 44
S/ Constantine et sa prov. 2,508,492 25 ⎪
S/ Oran et sa province . . 1,670,923 28 ⎭

Succursale de Constantine.

Sur France . . . . 1,717,205 55 ⎫
S/ Alger et sa province . .   16,329 22 ⎪
                                           ⎬ 2,115,220 04
S/ Constantine et sa prov.   380,143 97 ⎪
S/ Oran et sa province . .   1,541 30 ⎭

Succursale d'Oran.

Sur France	4,879,022 56	
S/ Alger et sa province . .	66,307 15	5,810,030 22
S/ Constantine et sa prov.	8,509 25	
S/ Oran et sa province . .	857,191 26	

D'après le relevé et le dire de l'auteur des *Réflexions*, beaucoup de personnes croient que la Banque de l'Algérie opère un mouvement énorme sur l'encaissement des valeurs commerciales payables en France, nous même en fûmes surpris au premier abord, car il nous était difficile de comprendre qu'en présence d'une importation de beaucoup supérieure à son exportation coloniale, l'Algérie pût fournir quatre fois plus de papier commercial qu'elle n'en recevait pour l'acquit des marchandises importées. Ceci aurait été le renversement des principes régissant le négoce. Aussi sommes-nous allé à la source pour avoir l'explication de ce fait étrange. Notre étonnement a cessé lorsqu'on nous a dit que, sur les fr. 21,419,984.25 c., il y avait fr. 20,500,000 représentés par les traites du Trésor, qui, étant payables à Paris et Marseille, figuraient à ce titre dans le compte des valeurs à l'encaissement.

En réalité, la différence seule, soit fr. 919,984.25 c., doit compter comme valeur commerciale ; les traites du Trésor étant données en paiement comme numéraire, — sauf la perte d'une commission insignifiante, — ou étant prises au Trésor contre espèces.

Ainsi, il résulte de l'ensemble des valeurs à l'encaissement, déduction faite des traites du Trésor :

Que les trois provinces réunies ont fourni en valeurs sur France . . . . fr. 919,984 25

Qu'Alger a reçu en valeur sur les deux provinces 4,179,415 53

Que Constantine a reçu en valeurs sur les deux autres provinces 17,870 52

Qu'Oran a reçu en valeurs sur les deux autres provinces. 73,816 40

A l'exception du chiffre reçu par la Banque-mère, on est bien forcé de reconnaître que le montant des valeurs à l'encaissement de province à province est d'une insignifiance encore plus grande que celui des valeurs escomptées.

De ces deux comptes, ou pour mieux dire de ces deux faits, il résulte la preuve la plus convaincante que les transactions et les rapports financiers d'une province à l'autre n'ont pas tendance à se grouper au centre d'Alger, au contraire.

Il y aurait donc un avantage immense à ce que la décentralisation financière qui existe de fait pour nos trois provinces, existât légalement par leur union directe au centre tout puissant de la Banque de France, qui leur donnerait, séparément et dans les moments opportuns, la force métallique, l'impulsion et l'extension nécessaires à la création du crédit.

L'auteur des *Réflexions* ne compte donc pour rien les quarante-sept succursales de la Banque de France, dont le lieu de résidence comprend toutes les principales villes industrielles, commerciales et maritimes de France ?

Ces villes n'ont-elles pas toutes des rapports avec le

mouvement commercial, industriel et colonisateur de l'Algérie ?

M. J.-A. REY s'est-il bien rendu compte, lorsqu'il en a fait si peu de cas, des facilités que chacune de ces succursales donnera à la circulation du papier sur l'Algérie, et du papier algérien sur France ?

S'est-il bien rendu compte de l'économie énorme qui résultera, économie. toute au profit de la richesse algérienne, de ce seul fait qu'il sera permis au commerce français de négocier en France son papier sur les trois succursales de l'Algérie, au taux modique de 3 ou 3 $^1/_2$ %, sans commission de place, c'est-à-dire au pair ?

Cette facilité n'aura-t-elle pas pour effet certain, d'accroître les transactions de la métropole avec la colonie ?

Est-ce que la marchandise qui nous sera expédiée ne sera pas alors dégrevée en proportion de cette diminution du taux de l'escompte et de la commission de change ?

Est-ce que nous-mêmes, algériens, par suite de notre exportation et de nos transactions locales ou provinciales, nous ne bénéficierons pas de la différence du taux d'escompte-intérêt, existant entre le tarif de la Banque de France et celui de la Banque de l'Algérie ?

La conséquence infaillible de cette différence ne sera-t-elle pas la diminution de l'intérêt-escompte de nos Banques privées, voire même de nos escompteurs ?

Est-ce qu'un progrès de cette nature, qui serait le couronnement de notre édifice colonial, n'amènera pas de nouveaux progrès dans l'ensemble de notre commerce, de notre industrie et de notre agriculture qui est à la recherche de la vie et des bras à bon marché ?

Vraiment, nous avons peine à comprendre que la haute intelligence de l'auteur-banquier ait pu se tromper à ce point qu'il ait voulu plaisanter avec des mots sur la *francisation* de nos valeurs commerciales.

Eh ! mon Dieu, non, nous ne prétendons pas monopoliser, non pas le crédit, car nous avons déjà prouvé qu'il n'existait pas en Algérie, mais même l'escompte à bon marché, au profit de la capitale des trois provinces. Et pourtant, d'après le détail du compte d'escompte et d'encaissement de notre Banque, il est prouvé que le chiffre afférent aux villes d'Alger, Constantine et Oran représente près du triple de celui afférent aux valeurs dites de l'intérieur ; or, à ce titre, de quel droit le commerce de l'intérieur aurait-il à se plaindre de cette amélioration ? Est-ce qu'en général le commerce de l'intérieur ne repose pas sur le crédit que lui accordent les maisons d'Alger, Constantine et Oran ? Si ces maisons avaient l'argent à plus bas prix et un crédit réel ou plus développé, il nous semble que le commerce de l'intérieur en ressentirait les effets ? N'est-ce pas la conséquence logique des principes régissant l'économie commerciale ?

Pour mieux faire apprécier l'importance qu'aurait pour l'Algérie l'établissement de trois succursales de la Banque de France, se reliant au quarante-sept succursales de France par la voie centrale de la Banque-mère, nous croyons utile, ne fut-ce qu'à titre de comparaison et comme renseignement, d'énumérer leurs lieux de résidence et de donner séparément pour chacune d'elles le montant par catégorie des effets escomptés sur place, sur Paris et sur les succursales, pendant l'année 1857. Le lecteur et surtout les commerçants qui sont de tous les plus intéressés à la chose, jugeront de la valeur réelle de chacune de ces succursales, au point de vue de nos relations commerciales avec la Métropole.

DÉSIGNATION DES SUCCURSALES.	EFFETS SUR PLACE.	EFFETS SUR PARIS.	EFFETS SUR SUCCURSALES.
Amiens	4,357,000	11,192,000	13,317,000
Angers	22,991,000	10,573,000	9,099,000
Angoulême	23,294,000	31,702,000	12,402,000
Arras	3,195,000	6,641,000	4,876,000
Avignon.	9,316,000	12,891,000	24,640,000
Besançon	60,072,000	31,337,000	22,168,000
Bordeaux	114,313,000	81,735,000	76,328,000
Caen	24,113,000	18,264,000	9,797,000
Châteauroux. . . .	3,568,000	1,457,000	308,000
Clermont-Ferrand.	16,428,000	11,448,000	4,050,000
Dijon	8,938,000	5,578,000	10,095,000
Dunkerque	697,000	3,947,000	5,732,000
Grenoble	10,104,000	6,264,000	5,052,000
Hàvre (le)	38,708,000	60,060,000	55,581,000
Lille	62,324,000	71,840,000	66,485,000
Limoges.	14,736,000	8,299,000	6,982,000
Lyon	104,332,000	208,173,000	70,749,000
Mans (le).	17,339,000	13,150,000	9,700,000
Marseille	393,214,000	117,872,000	138,909,000
Metz	8,027,000	15,103,000	7,372,000
Montpellier	23,160,000	26,843,000	30,047,000
Mulhouse	28,540,000	46,524,000	18,390,000
Nancy.	6,678,000	17,309,000	9,156,000

DÉSIGNATION DES SUCCURSALES.	EFFETS SUR PLACE.	EFFETS SUR PARIS.	EFFETS SUR SUCCURSALES.
Nantes	40,826,000	27,891,000	50,907,000
Nevers	3,438,000	6,356,000	853,000
Nimes.	21,163,000	23,271,000	40,865,000
Orléans.	18,023,000	17,133,000	7,333,000
Rennes	11,547,000	8,795,000	8,279,000
Reims.	16,289,000	40,517,000	17,321,000
Rochelle (la) . . .	7,336,000	8,613,000	8,511,000
Rouen.	33,087,000	60,039,000	48,513,000
Saint-Étienne . . .	16,091,000	46,806,000	21,499,000
Saint-Quentin . . .	76,446,000	40,040,000	14,429,000
Strasbourg	25,792,000	22,844,000	14,905,000
Toulon	8,952,000	16,724,000	2,909,000
Toulouse	28,829,000	29,451,000	14,584,000
Troyes	3,466,000	21,193,000	8,879,000
Valenciennes . . .	56,537,000	41,508,000	30,011,000

Nous ne parlons pas des succursales de Bar-le-Duc, Carcassonne, Poitiers, St.-Lô et Tours, leurs opérations n'ayant commencé que le 31 décembre 1857; nous ne pouvons non plus tenir compte de celles d'Agen, Bastia, Bayonne et Brest, qui ont été décrétées depuis quelques mois seulement.

D'après le tableau qui précède, il sera facile de se convaincre de la puissance expansive que projette chaque succursale, sur le mouvement commercial non seulement du lieu de résidence de chacune d'elles, mais dans un rayon très-étendu. Combien de villes sont inscrites sur ce tableau et dont l'importance réelle de population et de transactions est inférieure à celle de la population et du mouvement commercial d'Alger, d'Oran et de Constantine? Elles nous paraissent assez nombreuses pour nous dispenser de les désigner d'une manière spéciale : nous en laissons le soin à ceux qui peuvent y avoir intérêt.

Ce qui nous frappe et frappera sans doute le lecteur, c'est qu'à l'égard de chaque succursale, le chiffre d'escompte du papier sur Paris et sur les autres succursales dépasse presque toujours, en importance, le chiffre d'escompte du papier sur place. L'effet de cette circulation économique d'une résidence à l'autre multiplie réellement le capital circulant et aide puissamment à l'accroissement continu des transactions.

Que l'on calcule l'importance qu'aurait pour l'Algérie l'installation de trois succursales produisant ici le même effet qu'en France : le papier de création exotique fourni sur nos trois résidences, admis à l'escompte par toutes les succursales de France, et, par suite de ce lien entraînant la réciprocité, le papier algérien sur tous ces lieux de résidence et sur Paris admis à l'escompte par les succursales d'Alger, Oran et Constantine, au taux moyen de 3 $\frac{1}{2}$! Cet avantage seul, qui aurait pour résultat certain une grande amélioration dans notre système financier actuel, aurait dû mettre dans nos rangs l'auteur des *Réflexions*.

On nous répondra probablement : cela est vrai; mais pour aborder le guichet des succursales de la Banque de France, il vous faut un papier à triple garantie, soit à trois signatures, tandis qu'à la Banque de l'Algérie deux suffisent. Où prendre cette troisième signature si ce n'est chez un banquier? Cet intermédiaire ne se trouvant pas pour rien, le taux d'escompte va être surchargé d'une commission.

Cet argument a paru assez sérieux à ceux qui ne sont guère familiarisés avec les opérations de Banque, et surtout à ceux qui n'ont voulu voir que la surface de la question, ou leurs propres intérêts. Cet argument n'est que spécieux. Pour les uns et pour les autres, il tombera devant les faits pratiques, et non théoriques, qui se sont produits en France, et qui se produiront mieux encore en Algérie, par suite de la fausse position dans laquelle se trouve actuellement le papier escomptable de notre commerce.

Examinons sérieusement le pour et le contre de l'objection que l'on a soulevée sur le prétendu trouble que l'exigence des trois signatures jetterait dans nos transactions ou, pour être plus vrai, dans nos habitudes.

Avec trois signatures, il faudra s'adresser à nos Banques privées ; et, dans la position où elles se trouvent actuellement, elles ne sont ni assez nombreuses ni assez riches en numéraire pour faire face à la nouvelle position que créerait au commerce l'installation de la Banque de France en Algérie. Cet argument paraît fondé pour l'actualité, mais il ne le serait plus quelques mois après la venue de la Banque de France, car où il y a de l'espace pour agir et se mouvoir librement avec certitude de profit, surtout en fait d'opérations de banque, les capitaux sérieux se portent, lorsqu'ils sont assurés de trouver un point d'appui assez fort pour les soutenir au besoin, tout en leur laissant un profit convenable.

Pour nous, la Banque de l'Algérie, au lieu d'être un

point d'appui aux banques privées, est un obstacle à leur extension, par le motif qu'elle est toute locale ou toute coloniale, — comme l'on voudra, — sans aucun lien ni solidarité en dehors de l'Algérie. C'est une Banque entièrement isolée, ayant, il est vrai, le privilége d'émettre des billets au porteur, mais ne pouvant les faire circuler au même titre que la monnaie au-delà du sol de l'Algérie ; partout ailleurs, son papier-monnaie est pour ainsi dire inconnu, et subit par ce fait une dépréciation toujours préjudiciable à celui qui l'a reçu comme espèces.

Elle ne peut non plus être point d'appui, par le motif que, nanti d'un second privilége constituant pour elle un véritable monopole, celui d'escompter et encaisser à son gré toutes les valeurs de l'Algérie et sur l'Algérie, elle enlève aux banques privées l'opération la plus lucrative, la seule qui puisse faciliter la création et l'organisation de véritables banques.

En présence du taux énorme prélevé sur le papier commercial, on s'étonne qu'il n'y ait pas en Algérie un plus grand nombre d'établissements financiers. Ce qui nous étonne, nous, c'est qu'il en existe, en dehors de la Banque de l'Algérie, car, en présence du monopole de cette banque, ils ne peuvent exister, selon nous, qu'à la condition de végéter et d'être réduits au simple rôle d'intermédiaires.

En France, on a si bien compris qu'une position semblable faite aux banques privées serait l'anéantissement de la concurrence des capitaux, et par suite, du crédit ; que tous les pouvoirs qui se sont succédé depuis la création de la Banque de France (13 février 1800), et des neuf banques départementales créées de 1817 à 1838 (aujourd'hui défuntes), ont refusé à la première et aux autres l'autorisation qu'elles sollicitaient de pouvoir opérer en dehors du périmètre du lieu de résidence. Ce refus n'avait-il pas pour motif la crainte de voir disparaître l'iniative individuelle pour tout ce qui touche au mouvement financier de la France ?

S'il y avait sous ce point de vue, danger à laisser grandir outre mesure l'action absorbante de la Banque de France et des banques départementales qui n'avaient été instituées qu'à titre de réservoirs régulateurs, pourquoi n'y aurait-il pas danger de perpétuer l'action absorbante de notre Banque de l'Algérie qui, par sa constitution et en vue de son intérêt propre, rendra impuissants tous les efforts individuels qui tendraient à grouper autour d'elle des établissements ayant la force financière suffisante pour ramener progressivement l'escompte commercial à un taux qui ne soit pas ruineux pour le commerce.

Que l'auteur des *Réflexions* nous dise franchement si le rôle actuel des banques privées existant en Algérie n'est pas celui de simples intermédiaires entre le commerce et la Banque de l'Algérie, prélevant une commission qui varie de 2 à 18 % ; qu'il nous dise si ce rôle d'intermédiaires, qui est le leur, ne comporte pas la troisième signature exigée par la Banque de France, avec la différence pourtant que cette dernière, escomptant à 3 $\frac{1}{2}$ % en moyenne, au lieu de 6%, il y aurait forcément diminution proportionnelle dans l'ensemble des prix de l'escompte ; de telle sorte que, de gradation en gradation, selon la catégorie des banquiers et escompteurs, on arriverait à

l'abaissement général du taux de l'argent, abaissement
dont l'Algérie a si grand besoin.

Il est admis en principe qu'une marchandise indispensable, tout abondante qu'elle soit, si elle est détenue
par une seule ou quelques rares mains, n'arrive jamais
à l'abaissement de son prix ; tandis que cette même quan-
tité, répartie en un grand nombre de mains, amène la
véritable concurrence et, par suite, le rabais.

Partant de ce principe fondamental en économie politique, nous en voudrions, sous le rapport financier, l'application à l'Algérie. Pour atteindre ce but, il faut avant
tout détruire le monopole là où il existe, car, à côté d'un
privilége équivalent à un monopole, la concurrence ne
peut exister : où il n'y a pas libre concurrence, l'amélioration et le progrès dans ce qui existe ne peuvent s'effectuer.

La Banque de l'Algérie représentant ce monopole, par
le fait de son extention sans limites sur le sol de l'Algérie,
et la Banque de France ne représentant qu'un privilége
restreint au rôle de réservoir régulateur, cette dernière
se prête mieux sous tous les rapports à la création de
nombreux établissements financiers qui, seuls, peuvent
amener l'abondance et la concurrence des capitaux ; alors
le crédit direct, indispensable à notre commerce, pourra
se constituer.

En dehors de ses motifs, voyons si réellement les trois
signatures exigées par la Banque de France bouleverse-
ront, comme on le prétend ; la position générale du commerce de la colonie.

Oui, si cette Banque escomptait au taux de la Banque
de l'Algérie ; mais nous avons déjà dit, — ce que tout le

monde sait, — que la moyenne de son escompte-intérêt est de 3 $\frac{1}{2}$ %. Or, en admettant qu'il n'y ait qu'une minime partie des commerçants admis directement à l'honneur de cet escompte avantageux, et que les autres fussent forcés de subir l'intermédiaire d'un banquier sérieux, quel serait le taux de la commission exigée par ce dernier, en supposant même qu'il restât toujours dans les proportions des bénéfices qu'il perçoit actuellement dans ses rapports avec la Banque de l'Algérie : ce sera 2 $\frac{1}{2}$, 3 $\frac{1}{2}$ % peut-être. Prenons le plus gros de ces deux chiffres, ajoutons-le à celui prélevé par la Banque de France, et nous aurons, en réalité, l'intérêt total de 6 ou 7 %.

Poussons plus loin, et supposons que, pour attirer des maisons de Banque reposant sur des capitaux importants, ces intermédiaires escomptent pendant quelques années encore à 8 %; est-ce que ce résultat ne sera pas une très-grande amélioration sur l'ensemble général de l'escompte de notre papier commercial?

A ce prix, le commerce et l'industrie de l'Algérie pourront vivre et grandir! Est-ce qu'un pareil résultat ne forcerait pas les banquiers et les escompteurs à 18 et 24 % à suivre ce mouvement descendant ou à se retirer des principaux centres commerciaux de l'Algérie, pour porter leur industrie dans les villes naissantes?

Si l'on avait calculé froidement et sans parti pris d'avance l'économie considérable qui se réalisera au profit général de notre richesse coloniale, nous sommes assuré que le vœu de la Chambre de Commerce d'Alger, appuyant la pétition des commerçants, aurait réuni non-seulement l'unanimité du commerce d'Oran et de Constantine, mais

encore l'unanimité du conseil d'administration de notre
Banque de l'Algérie, y compris son habile Directeur qui,
mieux que tout autre, par le fait de sa haute intelligence,
doit en comprendre la portée.

On le voit, l'obligation de la troisième signature ne sera
pour le commerce ni une lourde entrave ni un lourd
impôt. En fait, s'il nous était permis de récapituler tous
les effets escomptés à la Banque de l'Algérie, depuis sa
création, ou seulement ceux de l'exercice 1857, et de
faire la distinction de ceux à deux et de ceux à trois signatures, nous sommes convaincu que ces derniers l'empor-
teraient de beaucoup en nombre et en importance sur les
premiers. Et cela se comprend, car les principaux clients
qui alimentent cet établissement sont les banquiers; or,
aucun d'eux, sauf de très-rares exceptions, n'accepte à l'escompte le papier direct, soit celui à une seule signature :
par conséquent, tous leurs bordereaux de réescompte , y
compris ceux du Comptoir de Circulation, sont bel et bien
composés de valeurs à trois signatures. L'argument servant d'épouvantail au commerce perd, on le voit, beaucoup
de son importance devant la réalité des faits.

L'auteur des *Réflexions* a fait sonner bien haut l'intérêt
qu'on doit porter au crédit immobilier et agricole qui,
selon lui, n'a pour unique source d'alimentation que la
Banque de l'Algérie. A ce sujet nous serions curieux de
connaître le total des sommes mises à leur disposition
par celle-ci, car, s'il faut l'avouer, nous dirons que nous
avons la mauvaise pensée de croire que leur importance
ne pèse pas beaucoup dans le portefeuille de la Banque.

M. J.-A. Rey s'est apitoyé sur le sort du petit propriétaire

et du colon qui, pour cause d'indignité et de localité, et faute
d'une troisième signature, seront repoussés du guichet de
la Banque de France. Nous comprenons très-bien que ce
n'est pas avec le prestige seul qu'on les consolera ou qu'on
les empêchera de mourir d'inanition ; mais nous serions
tout aussi curieux de savoir si le prestige de la Banque de
l'Algérie leur a procuré jusqu'à ce jour le pot-au-feu et les
avances dont ils ont eu besoin pour ensemencer leurs
terres et pour faire leurs récoltes ? Pour notre part, nous
connaissons un très-grand nombre de colons habitant les
villes et villages ; et tous se plaignent, — sous ce rapport, — qu'on les *plume* à qui mieux mieux, ce qui nous
laisse croire que la Banque de l'Algérie n'en est guère
importunée. Comment y pénètreraient-ils sans la double
signature, et comment la posséder sans avoir recours à un
ami complaisant? — Accordons-la leur ! — A quoi leur ser-
vira-t-elle, en présence du principe rigoureux qui s'oppose
à toute admission d'une valeur portant cette empreinte,
qu'elle vienne d'un commerçant, d'un industriel, d'un
propriétaire, d'un agent d'affaires ou d'un colon ?

Nous croyons avoir prouvé que l'épouventail de la troisième signature n'est qu'un mot, rien qu'un mot à effet,
qui doit tomber devant le but à atteindre, celui de créer
et d'attirer le plus possible les Banques privées.

Selon nous, on n'y arrivera qu'en s'appuyant sur un
centre financier aussi puissant que possible, qui ne soit
pas spécialement indigène, et dont l'action ne soit pas
concentrée entre le désert du Sahara et le rivage de la
Méditerranée. Il faut, pour l'accroissement de la prospérité
de l'Algérie, un centre qui touche par son influence finan-

cière les extrémités de l'Europe. Alors, ce prestige dont on tient si peu de compte deviendra un diplôme de confiance ; la confiance attirera les relations et la population et, par suite, les capitaux ; la venue de ceux-ci aura pour conséquences la création et l'organisation du crédit réel, lequel créera ou fera grandir le commerce, l'industrie et la colonisation.

En présence d'un tel résultat qui améliorera notre situation financière non pas spontanément et par enchantement, mais avec le temps moral indispensable à toute transformation, nous trouvons, au lieu d'une unanimité, des opposants. Le nombre en est petit, il est vrai, mais c'est déjà trop en leur qualité d'algériens.

Ce qu'il y a d'étrange pour nous c'est qu'on leur propose d'échanger un réservoir alimentaire renfermant une force productive de 3,000,000 de francs seulement, et n'ayant que deux canaux pour la circulation de cette force ; contre un réservoir disposant d'une force productive de plus de 200,000,000 de francs, et dont les nombreux canaux actuels aboutissent aux principales villes commerciales, industrielles et maritimes de la France ; et cet échange, si avantageux pour l'Algérie où l'argent est à un taux exorbitant à cause de sa grande division et de sa rareté, quoiqu'on en dise, ne leur sourit pas ! Ils refusent, sous le prétexte que, pour arriver à ce réservoir, il faut trois étapes et que la dernière ne peut se franchir sans le concours d'un intermédiaire banquier percevant un droit de péage.

Constatons, puisqu'il le faut, que l'auteur des *Réflexions* a avancé qu'en Algérie cet intermédiaire est inutile à la

Banque et coûteux au commerce. Il n'a pas pris garde sans doute que son argument était une inconséquence envers lui-même, par suite de sa position de banquier, et que, s'il voulait être conséquent avec son écrit, il ne lui resterait plus qu'à demander la suppression des Banques privées qui ne vivent et ne s'alimentent qu'en puisant, par le réescompte, au coffre de la Banque de l'Algérie. Lorsqu'une idée semblable, érigée en principe, n'est pas un vain mot pour celui qui l'émet publiquement, il doit pousser la logique dans ses dernières conséquences ; en ce cas il aurait dû ou devrait, comme gérant, demander à ses actionnaires presque tous commerçants, la liquidation du Comptoir Algérien, comme intermédiaire inutile et coûteux. Pour notre compte, nous en aurions été fâché, car, malgré la modestie de son capital réalisé, malgré l'affirmation étrange de son gérant, nous savons que cet établissement rend des services au commerce.

Qu'il nous permette de lui dire que l'intermédiaire banquier, lors même qu'existe une banque à privilége et monopole, n'est pas une superfluité dans notre organisation sociale et commerciale surtout. Le banquier est, au contraire, aussi indispensable au commerce, que le commerçant l'est aux producteurs. Sa raison d'être ne cessera que lorsque les peuples reviendront aux principes primitifs du négoce, celui pratiqué dans les premiers âges, et se résumant par l'échange d'un produit contre un produit de même valeur ; alors la monnaie métallique n'étant plus la représentation de la valeur de ces mêmes produits et devenant par ce fait inutile, le banquier disparaîtra : jusque là, nous le tenons pour indispensable, et, au lieu de vouloir sa suppression, nous voudrions en voir augmenter le nombre fut-ce par la voie de l'association.

Dans notre argumentation en vue de prouver que la troisième signature n'agravera en rien la position de ceux qui ont accès à la Banque de l'Algérie, nous avons omis de répondre à deux questions. La première concernant le papier à deux signatures, on demande ce qu'il deviendra après l'installation de la Banque de France ? Cette question posée par un banquier, habitué au roulement du papier commercial, nous surprend extraordinairement. Nous y répondrons en affirmant que ce papier aura une valeur de plus, un débouché mieux assuré qu'aujourd'hui, et cela, sans subir la volonté plus ou moins capricieuse d'un comité d'escompte tout local ; par la raison simple qu'il circulera comme le papier de cette catégorie circule en France, de Banque privée en Banque privée, pour revenir le jour de l'échéance à son point de départ. Ceci est l'alphabet des opérations banquières. La Banque de France nous ouvrant son centre et ses aboutissants, soit ses succursales, la majeure partie de notre papier algérien à deux signatures ira se faire franciser par la troisième signature, pour venir ensuite se reposer après un temps de circulation dans le portefeuille d'une de nos trois succursales ; nous parlons bien entendu du papier payable au lieu de résidence ; quant à celui de l'intérieur il circulera plus longtemps de Banque en Banque et reviendra à son lieu de création quelques jours avant l'échéance.

Actuellement, notre papier algérien, circule très-diffi-lement en France ; et cela, par un bon motif, celui de ne

pouvoir être admis à l'escompte de la Banque de France,
et de ses succursales; on comprendra facilement que,
payer réciproquement de banquier à banquier 5 ou 6 %,
ne donne que le léger bénéfice de changement de place;
mais, ayez la Banque de France, et, immédiatement, ce
même papier sera recherché, car, pris en compte-courant
à 5 ou 6 %, il sera réescompté à 3 ou 3 $\frac{1}{2}$ %; le bénéfice, comme l'on voit, est assez important pour que les
banquiers de la Métropole veuillent le réaliser.

C'est cette circulation, tout aussi avantageuse aux banquiers qu'aux commerçants, qui, concentrée au centre
de Paris, pour rayonner ensuite sur chaque succursale, produit l'énorme mouvement que chacune d'elles
opère sur le papier payable à Paris et aux lieux de résidence.

La deuxième question est la difficulté de faire admettre
à l'escompte de la Banque de France le papier domicilié
hors de la résidence du souscripteur. Il est certain que,
si la chose avait tendance à devenir un abus, il y aurait
refus de la part de la Banque; sinon ce serait aboutir au
monopole déguisé, contraire aux vues du gouvernement.
Mais chaque fois qu'une ville importante sous le rapport
des affaires se trouve à proximité et liée d'intérêts avec
la ville servant de résidence à une succursale, il est rare
que les valeurs sérieuses provenant de la première ne
soient pas admises à l'escompte, quoique payables hors du
domicile du souscripteur.

Demandez aux négociants de la ville de Cette, si leur
papier domicilié à Montpellier n'est pas admis. Plusieurs
autres villes sont dans le même cas. Ainsi, sous ce rap-

port, on peut espérer qu'il en sera de même pour certaines localités de l'Algérie.

V

Ces considérations closes, le public lecteur a droit à une conclusion, et nous la lui donnerons à la fin de cet écrit.

En attendant, nous voulons lui demander si, en voulant souder la Banque de France à l'Algérie, nous délaissons la proie pour l'ombre. Notre conviction du contraire est basée sur un intérêt d'ordre supérieur qui doit augmenter considérablement les forces et la valeur de l'Algérie.

Quant à notre Banque de l'Algérie, elle deviendra mieux qu'une ombre, par sa transformation en un établissement privé. Nous ne doutons pas que, par le concours de ses fondateurs et de ses actionnaires actuels, elle renaisse bientôt sous un autre titre, tout aussi glorieux, quoiqu'elle soit privée alors du privilége de battre monnaie; il y a place pour la partie de ses capitaux représentée par la différence existant entre le prix d'émission de ses actions et leur prix actuel, différence constituant le bénéfice à réaliser, et pouvant former le noyau du capital de sa nouvelle constitution : le commerce, l'industrie et surtout l'agriculture en ont un besoin absolu. Sa transformation sera toujours une force financière acquise de plus au profit de la France algérienne, qui lui sera reconnaissante de son abdication comme première puissance financière de l'Algérie.

DES

ÉTABLISSEMENTS FINANCIERS

DE L'ALGÉRIE

Dans le chapitre précédent, nous avons fait ressortir les avantages immenses que l'Algérie retirera de l'installation de trois succursales de la Banque de France. Nous avons prouvé en outre que le taux actuel de l'argent, pris en dehors de la Banque de l'Algérie, ne permet pas au commerce, à l'industrie et à l'agriculture de se soutenir dans des conditions tant soit peu avantageuses, et moins encore de se développer aussi grandement que le comportent le climat et la position exceptionnelle du sol de l'Algérie. Si cette situation n'était que passagère et le fait de circonstances imprévues, le mal cesserait avec les causes qui l'ont produit; mais malheureusement c'est l'état chronique qui se maintient depuis quinze années, malgré la création de notre Banque de l'Algérie et malgré les trois établissements financiers fondés par l'initiative individuelle, avec des capitaux réunis par un esprit d'association tout local.

Ces quatre établissements, — nous en convenons, — ont produit une amélioration réelle, en donnant une plus grande facilité à la circulation de notre papier commercial ; mais tous les quatre se sont bornès à la simple opération de l'escompte sur les valeurs à deux signatures. Aucun d'eux n'est entré dans la voie du crédit direct, si indispensable à l'accroissement des opérations commerciales et industrielles. Le motif de leur réserve à cet égard, nous l'avons déjà dit, c'est que la Banque de l'Algérie ne peut elle-même entrer dans cette voie, son papier-monnaie devant toujours présenter au public toutes les garanties possibles. Quant aux trois autres établissements, ils ne le peuvent à cause de leur nombre beaucoup trop restreint et du peu d'importance des capitaux mis à leur disposition ; capitaux trop au-dessous des besoins réels du mouvement commercial de l'Algérie.

Passons-les en revue, tout en examinant, avec notre droit de public et d'actionnaire, l'importance respective de leurs opérations et la marche qu'ils ont adoptée. Le public sera en suite mieux à même d'apprécier la valeur de nos affirmations et de nos observations, et l'importance du but qce nous voulons atteindre dans l'intérêt de l'Algérie.

I

BANQUE DE L'ALGÉRIE. — La création de cet établissement, au capital réalisé de 3,000,000 francs, a eu pour
but de doter l'Algérie d'une Banque qui doit remplir ici le
rôle que remplit la Banque de France à l'égard de la
mère-patrie. Il possède le même privilége, celui de battre
monnaie par l'émission de billets au porteur pouvant
s'élever à trois fois la somme de son encaisse ; avantage
immense pour ses actionnaires, car ces billets ayant cours
dans les caisses publiques, et ne coûtant que la valeur du
papier et des frais d'impression, sont donnés en échange
de valeurs commerciales supportant un escompte de 6 %,
et parfois un supplément de commission pour change de
place. Ce privilége, comme on le voit, constitue, au profit
des actionnaires, le principal bénéfice des opérations de
cette Banque.

Le gouvernement, en accordant à la Banque de l'Algérie
une faveur aussi considérable, a voulu créer, au profit de
la colonie, un vaste réservoir métallique autour duquel
pussent venir se grouper d'autres établissements financiers,
formant les canaux où le commerce et l'industrie auraient
puisé l'élément de vie, le mouvement et la régularité de
leurs opérations.

Plus favorisée que la Banque de France, elle a le droit
d'escompter les valeurs à deux signatures au lieu de trois,
et celui d'escompter et d'encaisser, moyennant commission, les valeurs de toutes les localités de l'Algérie qui
peuvent être à sa convenance; droit que n'ont jamais pos-
sédé les banques départementales de France, et que ne
possède pas la puissante Banque de France, en dehors
des lieux de résidence de ses succursales.

Quel a dû être le motif de cette extension qui mène
droit au monopole? Il est facile de le deviner en se
reportant à l'époque où la Banque de l'Algérie a été
constituée. Aucun établissement de banque n'existait
alors en Algérie; nous n'avions que des escompteurs et
quelques maisons de commerce qui plaçaient sur papier à
un taux plus ou moins élevé le surplus de leurs capitaux
momentanément sans emploi.

Dans cette situation fâcheuse pour le commerce algérien,
le pouvoir exécutif et l'Assemblée nationale comprirent
qu'il fallait favoriser et étendre le plus possible l'action
vivifiante de la Banque de l'Algérie, tout en ramenant le
taux de son escompte au plus bas prix possible, seul
moyen de porter coup à la classe des escompteurs qui
écrasait le commerce. C'est pourquoi le taux de 6 %
lui fut imposé, bien que le taux légal de la colonie était
de 10 %. Par ce fait, le commerce obtenait la faveur de
pouvoir opérer ses transactions à 6 %, sans autre garantie que sa solvabilité et sa moralité, tandis que le propriétaire et le colon dans leurs moments de besoin payaient
10 %, en donnant leurs immeubles ou leurs terres en
garantie.

Cette différence de position entre le commerçant et le propriétaire, due à l'installation de la Banque de l'Algérie, purut être une anomalie, mais le gouvernement y voyait plus loin et mieux que la critique, car la science économique lui disait que pour accélérer le progrès de notre colonisation, il était indispensable de créer et de protéger le crédit commercial, premier point d'appui du producteur. Le législateur savait que le commerçant est l'intermédiaire naturel et indispensable entre le producteur et le consommateur, et qu'en facilitant le crédit et en augmentant les ressources financières du premier, il enrichissait le second, car il lui donnait une plus grande facilité pour l'écoulement de ses produits.

Une autre considération a dû aussi guider le gouvernement : en limitant aussi bas que possible le taux de l'escompte de la nouvelle Banque, il espérait favoriser l'établissement de nombreuses banques privées, lesquelles serviraient d'intermédiaires entre ladite Banque et le commerce, moyennant le prélèvement d'une commission, seul moyen de créer entre les capitaux une concurrence profitable à la masse et, par suite, à l'ensemble de la richesse coloniale.

Le temps a prouvé que, malgré cet habile calcul, le résultat obtenu n'est pas celui qu'on avait prévu, car autour de cette Banque il n'est venu se grouper, par voie de commandite par action, que trois établissements dont le capital est peu en rapport avec l'importance de notre mouvement commercial et le progrès constant de notre production. Ces trois établissements ont pu fortifier l'importance des opérations de la Banque de l'Algérie en lui donnant la garantie de la troisième signature, mais nous nions, par les motifs développés au chapitre précédent, qu'ils aient donné vie au crédit direct.

Sans revenir à l'examen des chiffres du dernier Compterendu de la Banque de l'Algérie, — exercice 1856-1857, — constatant un accroissement toujours progressif dans ses opérations et dans ses bénéfices, examinons si, sans trop se départir d'une sévérité raisonnable, elle n'aurait pas pu être plus large dans le chiffre de ses comptes-courant, appelés *crédit*.

Elle le pouvait, disons-nous, et cela, d'autant mieux que, dans ce même Compte-rendu, le Directeur constate deux faits importants qui nous ont frappé : 1° une lente progression dans la circulation des billets au porteur, et 2° la difficulté d'utiliser immédiatement le capital provenant de la dernière émission.

Il nous semble que ces deux faits proviennent de la même cause : un peu trop de parcimonie dans la répartition du crédit accordé à la majeure partie de ceux qui ont un compte ouvert. Nous n'accusons ni ne blâmons personne en particulier, pas même la direction qui est entre les mains de deux hommes éprouvés dans les questions de banque; nous constatons seulement l'état actuel des choses, ce qui nous force à dire que, tout en sauvegardant les intérêts des actionnaires, le conseil d'administration de la Banque doit faire la part des nécessités du commerce qui éprouve dans son mouvement ascentionnel une progression plus forte que celle de la Banque. S'il en était autrement, au lieu d'une augmentation constante, la Banque aurait éprouvé et constaté une diminution notable dans le mouvement de son portefeuille.

Le conseil d'administration ne devrait jamais perdre de vue que le bénéfice réalisé sur l'émission de son papier-monnaie impose à la Banque l'obligation d'être moins par-cimonieuse envers le commerce. Le rôle des administra-teurs d'une institution de cette nature servant de régulateur au crédit commercial, ne consiste pas seulement à constater que, sur environ 33 millions d'escompte, il n'y a pas une seule valeur en souffrance. Le conseil devrait se rappeler qu'en principe d'économie commerciale, même en banque, il est toujours avantageux de constater une certaine somme de non-valeurs; si, à côté de cette perte, on constatait que ce fait provient d'une augmentation d'escompte de plusieurs millions, la compensation qui naîtrait de cette augmenta-tion due à un peu plus de hardiesse, — si on veut l'ap-peler ainsi, — dans les opérations, donnerait un bénéfice autrement considérable que le chiffre de la perte. Alors la circulation des billets au porteur progresserait et le capital de la dernière émission, non employé, ne serait plus une monnaie morte, reposant, improductive, dans les caveaux de la Banque de l'Algérie.

Est-ce que la Banque de France croit avoir mal opéré, lorsqu'elle annonce à chaque fin d'exercice un chiffre de non-valeurs, non seulement en souffrance, mais entièrement perdues et qu'elle passe au compte de profits et pertes? Elle sait d'avance que cette perte est une nécessité inhérente à toute opération de négoce ou de banque.

En dehors du surcroît de bénéfices que produirait aux actionnaires de la Banque de l'Algérie, l'augmentation de l'escompte, il y aurait augmentation de circulation, et par suite augmentation de bien-être et de richesses sur l'ensemble général du commerce algérien. Combien de commerçants qui, par suite de la trop grande sévérité du comité d'escompte, sont obligés de s'adresser non seulement en dehors de la Banque, mais même en dehors de nos trois autres établissements financiers créés par l'association des capitaux, par le motif que si les valeurs qu'ils veulent escompter reparaissaient devant le comité d'escompte par le canal de ces trois établissements, ils seraient refusés par le mot sacramentel *crédit plein*. Un peu plus loin nous expliquerons le pourquoi.

Nous soumettons ces idées aux membres du conseil d'administration, dispensateurs du crédit de la Banque; car chacun d'eux, dans leurs affaires commerciales, appliquent ce principe de négoce, de prévoir dans l'ensemble d'une année d'opérations, une perte quelconque, et, pour la compenser avec profit, ils atteignent un chiffre d'affaires plus important qu'il ne le serait s'ils étaient assurés d'avance de n'éprouver aucune non valeur sur un chiffre beaucoup plus restreint. Cela, bien entendu, ne peut être applicable qu'aux maisons qui ont un capital ou un crédit suffisant pour subir sans danger une augmentation d'affaires. Dans les opérations de banque, on agit de même, car l'escompte du papier et la vente d'un produit s'appuyent sur les mêmes principes d'économie commerciale.

Nous venons de donner une idée de l'application du crédit de notre Banque envers le commerçant; touchons un peu à celui qu'elle pratique envers les banques privées reposant sur l'association.

Là, encore, même sévérité et même parcimonie; et cependant le capital et les opérations de ces banques peuvent être mieux appréciés par le conseil d'administration que les opérations des négociants. Le capital dont chacune d'elles dispose est connu de tout le monde, attendu qu'il repose sur des actions émises et réalisées en tout ou en partie, et dont chaque année il est rendu compte en assemblée générale. Là, pas de fortune ni d'opérations fictives ou inconnues ; là, le conseil d'administration de la Banque de l'Algérie sait à quoi s'en tenir, aussi le crédit à leur accorder ne s'appuie-t-il pas sur le plus ou le moins de force que donne parfois au négociant la notoriété publique ; ce crédit, proportionné au capital connu de ces établissements, repose sur une réalité palpable, c'est pourquoi le conseil de la Banque de l'Algérie aurait dû et devrait être large à leur égard ; il ne devrait pas trop se précautionner sur les valeurs qu'ils remettent à l'escompte, alors que ces valeurs portent des signatures dont le crédit est *plein* à la Banque. En agissant différemment, on risque de n'ouvrir qu'un crédit insuffisant à ces établissements qui, cependant, rendent de très-grands services au commerce, et qui sont les principaux canaux par où se déverse le réservoir de la Banque.

Le conseil d'administration devrait se dire que ces établissements sont aussi indispensables à la Banque de l'Algérie, qu'elle même leur est indispensable. Il devrait se dire aussi que tous se soutiennent, s'alimentent et vivent les uns par les autres. Rayez la Banque, et leurs opérations diminueront des trois quarts. Rayez les eux-mêmes, et la Banque, marchant sur les errements actuels, n'offrira plus à ses actionnaires qu'un devidende insignifiant, si toutefois elle couvre l'intérêt de ses actions malgré la diminution considérable qui s'en suivra dans le chiffre de ses escomptes.

Notre conviction est donc que le crédit accordé par la Banque de l'Algérie aux trois établissements qui se sont groupés autour d'elle et à ceux qui pourront naître plus tard, doit être un crédit personnel à ces établissents, et non un crédit accordé selon la signature qui se trouve au bas ou à l'endos de l'effet; à moins cependant que le signataire et le premier endosseur soient réellement *véreux,* — commercialement parlant. Qu'importe à la Banque que le crédit ouvert chez elle au signataire ou à l'endosseur de l'effet soit plein. Ne possède-t-elle pas la garantie de l'établissement qui le lui a remis, pour parer à la déconfiture du souscripteur et de l'endosseur? Ce serait différent, si l'effet était un papier direct du souscripteur à l'établissement de banque qui le lui remet, ce qui ne constituerait que deux garanties au lieu de trois; ou bien si le crédit personnel accordé à ce même établissement sur une base raisonnable, était épuisé; alors nous comprendrions qu'elle refusât; mais, jusque là, il n'y a aucun danger à courir pour elle en acceptant par cet intermédiaire la valeur d'un de ses clients dont le crédit serait chez elle plein.

Nous terminerons là nos observations sur la Banque de l'Algérie, car, pour nous, elle a fait son temps. Elle a pu être suffisante et rendre de véritables services; mais aujourd'hui elle n'est plus, soit par son capital, soit par son organisation et son monopole, à la hauteur des grands changements qui s'effectuent au profit de l'Algérie, sous la haute initiative du Prince-Ministre et la ferme volonté de l'Empereur.

Par la nouvelle réorganisation, nous entrons de plein pied dans l'assimilation de la mère-patrie, l'Algérie n'est plus une colonie, mais bien trois magnifiques départements, — valant un état européen, — annexés à la France, et qui dans quelques années se dédoubleront grâce à l'augmentation de la population européenne. En présence des besoins nouveaux qui vont surgir, il nous faut une force financière autrement puissante que la Banque de l'Algérie, et qui se relie par une communauté d'intérêts du centre gouvernemental, — Paris, — à tous les rayons qu'elle projette dans les départements. Nous le répétons, c'est l'assimilation financière qu'il nous faut, et la Banque de France, seule, peut nous la donner à des conditions aussi avantageuses ou pour mieux dire égales à celles dont jouissent ceux des départements français qui possèdent une de ses succursales.

Ce qu'il nous faut : c'est la circulation et la francisation de notre papier commercial sur tout le territoire français. C'est la circulation au même titre, des départements algériens en France, et de France en Algérie, du papier-monnaie représentant la force du crédit de la France.

Ce qu'il nous faut surtout, c'est l'abaissement tant désiré du taux de l'argent en Algérie, abaissement qui aura pour conséquence certaine un accroissement considérable dans la production de notre sol, laquelle pourra alors s'effectuer à plus bas prix ; ce qu'il nous faut ensuite c'est la possibilité de maintenir et de créer le commerce et les diverses industries indispensables à la prospérité de la France-algérienne.

Devant de tels résultats et devant les nécessités financières que va développer la construction de nos voies ferrés, on reconnaîtra avec nous que la Banque de l'Algérie, prise au point de vue de banque à priviléges et monopôle, est réellement insuffisante. C'est pourquoi nous croyons ne pas nous tromper en répétant qu'elle a fait son temps, et qu'elle doit céder sa place à la Banque de France qui, par sa propre force et sans avoir besoin de faire appel à de nouveaux actionnaires, peut contribuer tout aussi largement que l'on voudra et en tout temps, au développement que l'Empereur et le Prince-Ministre impriment aux nouveaux départements français.

II

CAISSE DU COMMERCE ALGÉRIEN. — *E. Robert et Cie.* — Cet établissement a suivi de près l'installation de la Banque de l'Algérie. Il fut fondé dans un moment très-favorable, par rapport au courant des idées d'alors, qui toutes se portaient sur le principe d'association ; ses raisons d'être étaient la place laissée vacante par le Comptoir d'Escompte, et les besoins du commerce.

Son fondateur, homme de progrès et d'initiative, en

avait pour ainsi dire jeté les bases dans une brochure. Le commerce d'Alger répondit à son appel et sanctionna l'acte de naissance de cet établissement : ce fut un témoignage de confiance envers l'homme qui ne redoutait pas d'échanger une position faite pour une position incertaine et pleine de périls. Le temps a prouvé que, malgré les difficultés d'une création de ce genre, exigeant l'expérience et la pratique des opérations de banque, on peut, avec la volonté et l'intelligenge, surmonter bien des obstacles.

La Caisse du Commerce algérien, fondée au capital de 1,200,000 francs n'a réalisé jusqu'à ce jour qu'une partie de ses actions, représentant un peu plus du $1/_3$ de son capital. C'est peu pour les services à rendre au commerce et à l'industrie, le capital réalisé nous paraît insuffisant pour les opérations d'escompte que cet établissement pourrait faire, aussi verrions-nous avec plaisir què, par un moyen quelconque, il pût compléter au plutôt son capital nominal.

On reconnaîtra avec nous que la Caisse du Commerce algérien a fait tout son possible pour tenir envers le commerce les engagements de son programme, et, tout en lui rendant justice, on désirera comme nous lui voir agrandir la sphère de ses opérations pour tenir plus qu'elle n'avait promis.

Pour arriver promptement à ce but, — en présence de la pénurie de capitaux en Algérie, — nous ne connaissons que deux moyens, le premier, qui paraîtra assez rationnel, est celui suivi par le Comptoir d'Escompte de Paris lors de sa création, c'est de créer actionnaires, pour ainsi dire malgré eux, les clients de l'établissement, et cela par la voie d'une retenue opérée sur les bordereaux à l'escompte ; le chiffre total et le taux de cette retenue qui pourrait être sans inconvénient de 1 ou 2 %, seraient fixés par les actionnaires actuels en assemblée générale.

Ceci n'aurait rien d'arbitraire, en ce sens que le montant de la retenue serait porté à l'avoir du compte du client, et porterait intérêt-à 6 % ; chaque fois que les retenues auraient atteint la valeur d'une action, le titre en serait délivré. Mais, pour que la mesure soit efficace dans son résultat, il faut qu'elle soit générale et non facultative, applicable à tous les bordereaux présentés à l'escompte sans exception.

Le deuxième moyen, beaucoup plus rapide, serait de traiter avec une maison de Banque ou un établissement de crédit de Paris, pour les actions qui restent à émettre. Cette opération ne pouvant se faire sans une commission assez élevée à titre de prime pour le preneur, nous doutons que les actionnaires réunis en assemblée générale approuvent ce moyen qui pourrait absorber le dividende d'une année. Pourtant, en y réfléchissant bien, ils verront que le sacrifice de cette commission permettrait de tripler ou quadrupler le chiffre actuel des escomptes ; alors le bénéfice réalisé sur cette augmentation du portefeuille atténuerait beaucoup la perte présumée du dividende.

D'après nos calculs, la compensation serait assez forte pour pouvoir donner dans la même année un intérêt-dividende de 5 à 6 %, malgré le chiffre de la commission à payer. Quant aux années suivantes, le dividende serait en rapport avec l'importance du surcroît d'opérations que permettrait la réalisation immédiate des fr. 800,000 environ d'actions restant à émettre.

Hors de ces deux voies, nous ne voyons, pour la Caisse du Commerce algérien, aucun moyen d'arriver promptement à la réalisation de la totalité de son capital, surtout en présence du peu de ressources disponibles sur notre place.

Laissant de côté le détail de ses opérations d'escompte qui sont assez importantes, nous constaterons seulement ses rapports avec la Banque de l'Algérie, pour que le lecteur puisse apprécier si le chiffre total des réescomptes à ladite Banque, pendant une année, est suffisamment proportionné à son capital réalisé.

Dans son dernier exercice, soit du 1er février 1857 au 31 janvier 1858, la Caisse du Commerce algérien a eu fr. 2,347,000 de valeurs admises à l'escompte de la Banque de l'Algérie, chiffre représentant 5 fois $^3/_4$ le renouvellement de son capital espèces.

III

COMPTOIR ALGÉRIEN DE CIRCULATION. — *A. Rey et C*ie. — Cet établissement, le troisième de nos institutions de crédit algérien, sinon par son importance métallique, du moins par la date de sa naissance, est d'origine toute démocratique, comme l'indique assez là valeur de ses actions qui sont de 25 francs seulement. Sa création a eu pour motif un témoignage d'estime et de considération envers l'habile écrivain dont la plume avait si bien défendu les principes de la majorité des souscripteurs aux actions dudit Comptoir.

Cet établissement, créé en 1854, en vue des besoins du petit commerce, au capital de 500,000 francs, se trouve dans une position moins avancée que la Caisse du Commerce algérien, par le fait qu'il n'a pu réaliser sur ses actions qu'une somme représentant un peu plus du cinquième de son capital.

Cette somme est bien minime, même pour l'escompte des petites valeurs, et si, fidèle à son origine et au but de sa création, le Comptoir de Circulation veut aider puissamment le petit commerce qui est nombreux, il est de toute nécessité que son capital soit réalisé.

Aussi nous nous permettrons de répéter pour lui le conseil que nous avons donné à la Caisse du Commerce, soit l'emploi d'un des moyens déjà indiqués. Espérer de nouvelles souscriptions volontaires sur la place d'Alger, ce serait vouloir se perpétuer dans l'immobilité et le *statu quo*, chose contraire à l'intérêt du petit commerce qui a tout autant besoin de crédit et de capitaux que le haut commerce.

Pour le Comptoir, non plus, nous n'entrerons pas dans le détail des opérations d'escompte effectuées, nous nous contenterons de mentionner le chiffre de ses réescomptes à la Banque de l'Algérie.

Durant son quatrième exercice compris entre le 1er avril

1857 et le 31 mars 1858, le Comptoir algérien de Circulation a eu fr. 896,300 de valeurs admises à l'escompte de la Banque de l'Algérie, somme représentant 8 fois et $1/_7^e$ le renouvellement de son capital-espèces.

En dehors du réescompte, le Comptoir de Circulation a trouvé dans l'habileté de son gérant, le moyen de multiplier davantage son capital, par l'émission de mandats dits de circulation, non acceptables, payables en France, à des échéances variant de 30 à 60 jours.

Cette opération hardie qui ne peut avoir lieu que grâce au crédit tout local, dont jouit le Comptoir, a pour conséquence, non seulement un mouvement de portefeuille très-important, mais encore un supplément de renouvellement du capital-espèces pouvant s'évaluer à 7 fois au moins.

Le réescompte à la Banque de l'Algérie l'ayant déjà renouvelé 8 fois, il se trouve en réalité renouvelé 15 fois, ce qui est énorme. Aussi l'intérêt dividende s'est-il élevé à 13 % y compris la part afférente à la réserve.

Un pareil résultat est beau, nous en convenons, mais les mandats de circulation non acceptables ne seraient pas sans danger si l'on en abusait.

IV

Caisse d'Escompte et de Recouvrements. — *F. Lecoq et Cie*. — Cet établissement de crédit, au point de vue de sa fondation par l'association, date du 1er janvier 1858, donc ses opérations ne nous sont pas connues. Il existait depuis plusieurs années comme Banque privée, et, à ce titre, son fondateur, fils de ses œuvres, s'était fait connaître par des services rendus au commerce, en escomptant le papier commercial au taux de la Caisse du Commerce algérien, au lieu de l'escompter au taux des autres Banques privées. Cela seul était un motif pour lui acquérir les sympathies du commerce, aussi le jour où il jugea à propos de faire un appel au public pour fortifier et grandir son établissement de toute la puissance que donne l'association, le commerce s'empressa de répondre à son appel, d'autant mieux que le $1/4$ du capital était fourni par lui, ce qui, pour les personnes timorées, devait garantir sa gestion.

La Caisse d'escompte est fondée au capital de 500,000 fr., somme souscrite par les actionnaires. Les $3/5^{es}$ seulement ont été appelés. Quant aux $2/5^{es}$ restant, ils seront versés au premier appel du gérant.

Les opérations de cette Caisse sont identiques à celles de la Caisse du Commerce algérien. Ses rapports de réescompte avec la Banque de l'Algérie, nous sont inconnus, attendu que son premier exercice ne sera clos qu'au 31 décembre prochain. Aussi nous n'en parlerons pas.

CONCLUSION

Nous avons résumé, autant que notre intelligence nous l'a permis, la question financière se rattachant aux avantages immenses que doit produire, au profit de l'Algérie, l'installation de la Banque de France. Ces avantages, nous l'espérons du moins, sont évidents pour tous les lecteurs qui auront bien voulu nous suivre avec quelque attention ; nous n'y reviendrons pas.

Nous avons dit, brièvement mais exactement, le plus ou moins d'importance des établissements de banque, fondés par l'esprit d'association de l'intelligente population algérienne. Si nous avons mentionné le capital réalisé par chacun de ces établissements, notre but a été de faire remarquer la difficulté très-grande que la Caisse du Commerce algérien et le Comptoir algérien de Circulation éprouvent dans la réalisation du complément du capital de fondation ; c'est par ce motif que nous nous sommes permis de leur indiquer les deux seules voies par lesquelles ils peuvent, selon nous, atteindre promptement au but.

En constatant que le capital réalisé par les trois établissements s'élève au chiffre total de fr. 830,000 seulement, nous avons voulu faire ressortir l'insuffisance des capitaux mis à la disposition du commerce, de l'industrie et de l'agriculture algériens, et éveiller en même temps l'attention des gérants et des actionnaires : c'est à eux d'aviser.

Quant aux banques particulières, il ne nous est pas permis de sonder le chiffre de leurs opérations et le chiffre des capitaux dont elles disposent ; notre droit à leur égard s'est trouvé réduit à signaler le taux de leur escompte, rien de plus ; c'est pourquoi nous les avons comprises en masse, sans distinction, dans la classe des escompteurs.

De l'ensemble des faits de la question banquière, il résulte pour nous, la conviction la plus profonde que l'Algérie a des capitaux insufisants, et que si, elle ne parvient pas à augmenter ses ressources pour obtenir l'abaissement du prix de l'argent, elle végètera sans profit pour la métropole, et sans profit pour elle-même.

Quel est le moyen de remédier à cette situation déplorable sous tous les rapports ?

La réponse à cette question sera la conclusion de notre travail. Pour remédier au mal, il faut, de toute nécessité, procéder, savoir :

1° A l'installation d'une succursale de la Banque de France dans les chefs-lieux de nos trois départements ;

2° A la conversion de la Banque de l'Algérie, avec le

concours de ses fondateurs et actionnaires actuels, en BANQUE AGRICOLE, au capital de 3 millions, lequel serait réparti en portions égales sur nos trois départements par la voie de deux succursales; le centre administratif de cette Banque serait à Alger.

Les opérations de la Banque agricole reposeraient exclusivement sur le papier du colon, propriétaire-agriculteur, ce papier serait escomptable à 8 %. L'acceptation de cette valeur par la Banque emporterait de droit pour elle le privilége sur le cheptel ou sur la récolte; l'échéance ne pourrait être de plus de six mois;

Pour en faciliter la circulation, cette valeur serait négociable au même titre que la valeur commerciale, et soumise par conséquent aux tribunaux de commerce. Elle serait admise à l'escompte de nos trois succursales de la Banque de France, sous condition de n'avoir plus que 90 jours à courir, et d'être payable au domicile de la Banque agricole qui pourrait en avoir la contre valeur non négociable payable 5 jours avant l'échéance de la première au domicile du souscripteur ou à un domicile élu par lui;

Une Banque agricole fondée sur ces bases aiderait puissamment au développement rapide de notre agriculture;

3° A la création d'un CRÉDIT MOBILIER ALGÉRIEN reposant sur un capital important et fonctionnant sur les mêmes bases que le Crédit mobilier de Paris;

4° A la création ou succursale du CRÉDIT FONCIER, embrassant nos trois départements;

5° Enfin, à la création d'un PARQUET d'agents de change à la Bourse d'Alger.

Ce Parquet est indispensable à l'activité des affaires, si l'on veut que l'esprit d'association enfante en Algérie les mêmes prodiges qu'en Europe.

Comment, sans Parquet, opérer un placement sur les titres d'actions industrielles, sur les fonds publics ou sur les obligations de chemins de fer ou autres? Le public n'étant pas initié journellement par une cote, aux prix variables des valeurs industrielles, ne s'en soucie guère.

Comment, sans cours légal, achètera-t-on ou réalisera-t-on ces mêmes valeurs? Devant cette difficulté et par crainte d'être exploité par des intermédiaires sans responsabilité légale, le public renonce à ce genre de placement, très-avantageux pour les petites sommes qui facilitent elles-mêmes énormément les créations industrielles.

Depuis quand l'esprit d'association a-t-il pris naissance et s'est-il largement développé à Lyon, à Marseille, à Bordeaux? N'est-ce pas depuis que ces villes ont été dotées d'un Parquet?

Si nous jetons un regard sur les actions de nos établissements de Banque d'Alger (la Banque de l'Algérie exceptée) et des quelques établissements industriels par actions, ne les voyons-nous pas toutes dépréciées, faute d'être offertes ou demandées dans des conditions normales et légales?

Sans Parquet, il y a impossibilité de recourir avec chance de succès à l'association des capitaux, et, sans concentration de capitaux, il est difficile de créer des établissements financiers ou industriels produisant l'économie et par suite le progrès.

Aussi, si l'on veut voir l'Algérie, prendre tout son

essor, il faut la doter, peu importe comment, des établissements et institutions qui font la force et la puissance financière de la France, ces créations inspireront la confiance, et là confiance nous amènera les capitaux, les bras et la production à bon marché.

Alors, on pourra dire que l'Algérie et la France, réunies déjà par l'assimilation administrative, sont confondues dans une assimilation complète d'institutions financières et commerciales.

FIN

TABLE DES MATIÈRES

www.ingramcontent.com/pod-product-compliance
Lightning Source LLC
Chambersburg PA
CBHW050604210326
41521CB00008B/1103